天下文化

BELIEVE IN READING

教育應該不一樣

全新增修版

嚴長壽

目錄
CONTENTS

序
二〇一五年自序／教育要多元，教育改革也要多元 004
二〇一一年自序／這是教育的「共錯結構」，我們必須共同承擔 025

第1章 醒醒吧！家長 035
延伸思考／為什麼這麼多年輕人要當公務員？ 071

第2章 老師可以更勇敢 077
延伸思考／每個人才智殊異，標準答案扼殺創意 118

第3章 年輕朋友請走一條追尋天賦之路 123
延伸思考／江振誠的故事：只有專注和熱情，才能讓生命火光帶領你穿越迷霧 149

第4章　只有創意和實力，才能面對高學歷通膨時代　155
延伸思考／實踐大學設計學院的「實踐」教育　186
第5章　技職教育的黑洞　193
延伸思考／肯夢學院的故事：從「匠」到「師」的追求　233
一個大膽的嘗試：國際學校結合在地化及國際化的構想　239
第6章　我們都是選民，更是公民　245
延伸思考／台灣新教育實驗　260
第7章　教育應該不一樣　265
結語　這是我能為台灣青年做的事　298
誌謝　301

二〇一五年自序

教育要多元，教育改革也要多元

自從我於二〇一一年四月出版《教育應該不一樣》，整整四年半過去，我卻發現，今天的教育危機，不單單是台灣的困境，更是全世界共同面對的課題。

有「世界教育部長」之稱的肯．羅賓森（Ken Robinson），最近出版新書《讓天賦發光》，點出傳統教育基本上仍因循十九世紀工業革命以來「大量複製」思維與「標準化運動」，造成對學生創意的傷害，他大聲疾呼，教育必須全面翻轉，因為「這是一場注定由下而上的革命」。

二〇一四年，我出版《你就是改變的起點》，其中部分章節也延續我對教育的進一步探討。其實，過去這幾年來，身為教育門外漢的我，念茲在茲的都是如何讓台灣學生走向主動學習的創意思維、發展獨特的天賦，以及弱勢偏鄉孩子的翻身機制。

這幾年來，我與公益平台許多位志同道合的天使們，共同在偏鄉幾所學校，進行一連串對教育改革的學習、實踐與探路的嘗試，除了印證羅賓森描述的世界共通問題，我也同時發覺許多台灣本土獨特的狀況。

台灣迫切待解的難題

四、五年前，我在書中曾預見的高學歷通膨、技職教育黑洞、大學倒閉等問題，如今都應驗為真。

雖然完全在預料之中，但我沒有「一語成讖」的喜悅，倒有了不幸言中的憂慮。可以預見，將來陸陸續續還將產生更多問題，不論是台灣經濟的競爭力，乃至大學的排名，都已在下滑中。台灣的未來不能等待，我也不能等到問題都解決了、改革都完成了，再來書寫與記錄。

因此，雖然我還在探究、學習的過程當中，仍希望盡快跟大家分享。因為這不只是為了改變幾間學校而自我成就的事情，而是問題太過迫切，且影響深遠。所以，值此天下文化希望將此書改版推出之際，我先用幾千字，對這四、五年來世界面臨的改變、台灣應把握的契機，再做描述。

科技對教育帶來的巨大正面影響

首先我要點出的是，就在這短短幾年間，科技進步對教學產生的巨大影響。這又分為「正面影響」，以及其所帶來的「負面災難」兩點。正負二極並生，而且兩者的對立愈來愈凸顯、愈來愈尖銳。

先談正面影響，網路科技、行動裝置及線上免費課程的普及，早已顛覆工業革命以來「你講我抄」的單向灌輸模式，例如：近幾年來由Khan Academy、Coursera、edX、Udacity帶動的線上開放課程風潮，乃至於深受歡迎的TED短講論壇等，各種線上即時課程紛紛推陳出新。

可喜的是，公益平台的重要夥伴，來自矽谷的方新舟先生看到了問題，成立台灣本土的線上學習課程——均一教育平台，提供無遠弗屆、免費中文化的線上學習平台，造福華人社會的孩子，目前已有高達二十五萬以上中小學生註冊。

行動裝置已經大幅改變大家的學習管道和方式，過去，我每天搭車時收聽的是古典音樂，現在收聽的卻是無時不在更新、來自世界各地TED的新知見聞。它讓我們即使身在不同地方，也能夠與全世界最聰明的腦袋齊聚一堂，傾聽來自各領域的傑出講者，分享精練的智慧；像我的孩子，他連慢跑都在聽線上知識。

其實，這些只算是容易上手，不算特別艱深的新知，基本上，只要有電腦、網路及學習的熱忱，便能打破時空、地域的限制，立刻註冊、馬上學習、隨時交流討論，吸收最新觀念、尋求最深刻的啓發。

全世界都是你的知識庫

善用網路科技工具，我們可以輕易做一個胸懷世界的知識公民。

在數位學習的帶動之下，老師的角色也從過去站在講台上「注水入壺」的單一內容提供者，調整成各方資訊與知識的「整合者」、課堂討論的「主持者」、深度思考的「啓發者」等新角色。因此，過去填鴨、灌輸的教育方式已大大不適合現在；這不是小修小補可以改變的問題，必須由下而上、全面性、大量地徹底翻轉。

拜網路開放課程之賜，當大學教育與科技結合，學生對教授進行「全球評比」的時代也來臨了。台灣大學電機系教授葉丙成，便點出身為教授的新挑戰——如果有一個學生英文夠好，他在前一晚進修了史丹佛大學提供的同一門線上課程，那麼做教授的你，最好祈禱他隔天不要來上課，免得他坐在教室後面冷言冷語嘲笑、批評你，因為在比較之下，可能就發現你教得有多差。

這並不是誇張的例子，極有可能已經上演了。身處台灣的我們，要用什麼態度來面對這件事情？

認清現實，才有轉型的可能

然而，我注意到背後有一個更重要的趨勢：以全球視野來看，伴隨線上課程的普及，英文，已經變成全球萃取知識的基本工具，英語的強勢地位及無可取代的優勢益形鞏固，就連過去以自己語言為傲的法國、德國等歐陸大國，也加強英語教學。

對於非英語系國家的我們，尤其要關注的是，英語在未來極可能變成一道障礙，劃分英語系國家和非英語系國家的競爭力！這是未來教育轉變的重大趨勢之一，我們不能不重視。

更讓人不得不警覺的是，從中國大陸最近教育研討的論文，我發現，他們的教育政策制定者，似乎已經比我們還更殷切注意教育轉型的問題。

最起碼，我看到大陸許多教授或政策制定者都大聲呼籲：「教育革命時代已經來臨！」

教育革命時代來臨

比方說，我看到一位教授，向北京大學、清華大學的學生大聲疾呼：「你要想到，當你畢業之後，你競爭的對象不再是坐在隔壁的同學，僅僅在你看不到的印度，就有上百萬、千萬的學生跟你競爭。縱使他們身處印度，但因為英文比你好，他學習的是哈佛、史丹佛大學全球一流的線上課程。」

值此大陸學者對自己的學子都提出如此嚴峻警告之際，即便台灣的民主自由，他們無法一日趕上，但是就知識領域的探索，台灣的教授如果還只是關心發表論文的點數、個人的升等、大學裁併、少子化風暴下學生員額縮減的衝擊……，而不求為台灣學子找到更有競爭力的未來，長此下去，做為台灣的學者、台灣的家長，我們要不要緊張？

科技隱含的黑暗「災難」

接下來，我要談科技對青年學子帶來的「災難」。

過去幾年來，平板電腦與手機等可攜式電子裝置，已經變成「全民運動」。在任何地方，不論老少，從老太太到兩歲小孩，幾乎可以說是人手一機，滑得不亦樂乎。

然而，打打電動、玩玩遊戲，這還只是公共場所看得到的場景之一，另外還有一個大家看不到的場景：躲在暗處，匿名、恣意地批判或宣洩，將網路當成一個無底的垃圾筒，隨便將自己的負面情緒與語言傾倒出去，造成言論的群聚效應，甚至言語霸凌。

很矛盾地，一方面我們看到那麼多正面的知識或資料在網路上，另一方面我們又隨時可以接觸到充滿各式偏見的仇恨言論。

現在社會太強調「個人主義」，這也是個人式科技帶來的結果，社群網路似乎有種令人掉到深淵無可自拔的魅力。科技帶來的陷阱這麼多，很多年輕人卻仍陶醉在裡面，在網路上宣洩負面情緒到毫無節制、不知自省自重的程度，這帶來的真正危機，是一個人對自己的發言權，不懂珍視，更不會負責任。

生活中的天使與惡魔

平心而論，在這個人人都可以「網路肉搜」的時代，以現在科技的能耐，你講過的每一句話、做過的每一件事，日後都會被別人檢視。

即便以「自利」主義角度出發，一個人如果將來要申請工作、想在社會上做任何一件事情，人家都可以到你的臉書、個人網頁去看你的生活，檢視你的言行，你發表過的負面言論也將無所遁形。如果你對自己的言行不夠負責任，將對你的未來帶來潛藏的危機。

弔詭的是，我們必須承認，網路科技既是天使，也是惡魔。

一方面，它可以提供學生免費、大量的自主學習課程，可以弭平城鄉差距或知識的鴻溝；另一方面，也可能令學子陷入匿名攻訐、暴力、電玩、色情資訊的深淵裡無力脫身。它繽紛多采、強烈的聲光刺激，如同美麗的糖衣，包裝著令人心智麻痺、思緒癱瘓的負面內容，腐蝕年輕人的身心。

因此，使用網路絕不能掉以輕心，「水能載舟，也能覆舟」，科技亦然，執取哪一端？很明顯，科技快速發展的同時，社會與教育都還沒有準備好如何面對，它正考驗著家長、老師及學生的智慧。

孩子教室外的兩種老師

我們常常以為，學校是唯一給孩子教育的地方，其實在科技彌天蓋地的巨大影響下，這是大錯特錯的事。

隨著這幾年對教育的學習與探索，我愈來愈肯定，孩子的第一個老師是父母，廣義來說也就是家庭環境，亦即父母的教養方法及態度、互動與行為模式，都直接成為孩子第一個學習模仿的對象。

如果從孩子小時候開始，父母沒有時間陪伴，便宜行事給了孩子手機，手機便等同於他的老師。

然而，我得慎重地說，父母的角色永遠不能被iPad、iPhone取代，如果父母自己一天到晚盯著手機、平板，又有什麼立場要求孩子戒除網路上癮呢？通常人有惰性，在電子科技圍繞中長大的孩子，如何保有獨立自主的靈魂？

成長中的孩子需要真正的眼、耳、鼻、舌、口，五官並行運作，多方面刺激他們的大腦，**若太早使用數位工具，反而妨礙啓發他們的創造力，以及與真實世界的互動**。

如果我們無法讓孩子對網路、3C免疫，至少先為他們注射必要的「抗體」，父母以身作則，引導孩子往別的地方找到出口，包括：接觸大自然、運動、社交、團體生活、音樂及藝術生活的陶冶等，讓他們知道自己的手可以做更多事，而不只是滑螢幕而已。這也是我一再探討、看重一切以實做為體驗的「華德福教育」的關鍵原因。

長期深入探索偏鄉的我，也必須為目前身處偏鄉弱勢的孩童請命——他們許多人在成長的過程中，沒有父母陪伴，在少子化的當下，如何讓每一個未來的主人翁，在最關鍵的成長時期，都能被珍惜，得到適當的關注與培養，是政府與民間社團共同的責任。

值得警惕的是，父母的「影響力黃金期」只有短短十二、三年，等孩子到了青春叛逆期，言行舉止有更大程度是受朋友、同儕影響，我們不得不接受父母角色的式微，退居幕後，因為，孩子的第二個老師，其實是整個「大社會」。

這個「社會」，泛指生活周遭的整體環境，當孩子看到民意代表毫無節制羞辱官員，電視名嘴每天不負責地恣意批判，網路上造謠是非而不會受到處罰、不會被唾棄、不被司法起訴，你怎麼期待我們的下一代變成講理、正向、有公民素養的人？

潛移默化的境教

歐美社會相對比較成熟、公民素養深厚，對自由民主的「紀律」，有很強的社會共識。

在加拿大，如果你買車時提出在台灣的無肇事紀錄，保險費可以從七折開始計算，因為如果你有良好正確的駕駛習慣與技術，通常不會肇事，對保險公司而言，七折仍然大有可能是淨賺。

但是，初學者就無法享有這種優待，必須若干年都維持無肇事的良好紀錄，保費才會逐年降低；當然，一旦你有肇事紀錄，即使你付全額保險金，因為仍可能發生事故而賠償更多錢，保費自然不能優待。

這個例子指出，很多事情的背後，有大家共同遵守的社會機制在支撐，讓一個人必須對自己的行為負責，一個台階都不能走錯，這是潛移默化的「境教」。

每個人都必須為自己負責

因此，歐美父母親教孩子守法、守規矩、獨立自主、為自己的言行負責；學校老師會提醒小孩，不要上臉書亂批評，除非你真的很有見地，因為將來你申請大學，許多重視學生言行一致的學校，會先到臉書一探你的行為與言論。當然，如果你能獨立思考、行文有個人觀點、言之成理，也可能是加分的要項。

歐美已經行之有年地為自由訂立了共同遵守的框架，如果你去應徵某家公司，它一定會向前一家公司詢問你的工作情況，一切都是可以追蹤的。這些追溯調查的基本機制已經存在多年，他們希望一個人言行一致，如果你曾經被開除卻無法解釋原因，那可能對你產生相當負面的結果。

綜觀台灣社會這幾年的變化，如果一個孩子在成長過程中，注定被濫用的科技、負面的傳媒、惡質的大社會影響，那麼孩子在涉險入世之前，到底要裝備什麼能力？依此，讓我們回頭反思：到底什麼是十二年國教的核心目的。

十二年國教應該教「做人」與「做事」

我覺得，基本上十二年國教扮演的角色，不是讓每個人進大學；十二年國教應該培養的核心精神只有兩件事，用最粗淺的話說，就是「做人」與「做事」。

第一，「做人」的能力。

我認為，教育的一切基礎在於學「做人」，也就是我們常說的品格教育，這其中又包括「自我紀律」（self-discipline）的能力，懂得要求自己、為自己言行後果負責；其次是公民基本素養，包括：關心別人與環境的「利他能力」，以及明辨是非、不被他人駕馭的「思辨能力」；再來，則是具有人文藝術、美學生活的基本涵養。這三方面的能力，是現代社會公民一定要具備的基本素養。

紀律與責任，過去我談了很多，在此補充**獨立判斷的思辨能力**。

網路社會中，很多資訊真假不分，許多文章為了吸引網民注意，經常會「借殼上市」或製造假訊息，往往開頭第一句是「龍應台說……」、「張忠謀說……」，或「希拉蕊在哈佛的演講……」等，可能開頭能引述一、兩句原文，下文大半是作者自己的意見陳述。

這些人，因為要攫取更多讀者的注意，或自信心不夠，擔心自己的文章沒有人看，因此找名人來掛名保證，甚至於有目的地批判某些公共事務。當這個社會已經負面到真假不分的時候，**面對浩瀚的資訊之海，讀者要有清晰的理性、獨立判斷的能力，以鑑別真假**。

因此，十二年國教，除了具備基本的語言及文字（中文、英文等外語）表達能力以外，更必須為孩子裝備判斷是非對錯的能力，讓他們能在一堆玻璃珠裡，挑出有價值的珍珠。

至於**人文**、**美學的涵養**，任何一個人在國民教育階段，都必須裝備人文藝術、美學生活的基本涵養、豐富的休閒生活、良好的興趣……，不為附庸風雅，而是讓生命更豐富、更深刻。

最近媒體報導，有位六十多歲、修理發電機馬達的黑手工人呂先生，他雖然穿著汗衫、踩著拖鞋，但一旦拿起心愛的小提琴，便可以在自家門口，怡然自得地拉起動人的樂章，路人都忍不住駐足聆聽。

來自雲林鄉下的呂先生，從小家貧，不得不做黑手學徒，但他始終難忘對古典音樂的熱愛；直到三十二歲，他終於有能力用自己做黑手賺來的錢，一圓音樂夢想。可見**有了文藝涵養，每個人都可以超脫生活現實的限制，譜出精采的人生樂章**。

胡適曾對文明做了一個比喻，他說，要看一個國家的文明，只須考察三件事情：第一，看他們怎樣對待小孩（我想就是教育吧）；第二，看他們怎樣對待女性；第三，看他們怎樣利用閒暇時間。這三點代表的，就是生活的文化與文明！

因此，人文藝術、美學生活的基本涵養，可說是從士大夫到庶民，上至總統、下至市井小民，都必須擁有的基本生活素養，而且在國民義務教育階段就必須加強這些能力，否則台灣社會勢必走上庸俗。

第二，「做事」的能力。

十二年國教應該培養「做事」的能力，簡單來說，指的是「就業」。它可以分為三種取向：學術、技術、藝術。三種都名為「術」，但是差距很大，不過三者沒有誰高誰低的問題。

先講「學術」，這是我們十二年國教最注重的部分，幾乎所有課程與學習都是學術成就的基礎工程。從社會金字塔的結構來看，讓少數學術型菁英上大學有其必要，但不意味著，所有人都有能力或必須鑽研學術之路。

我一直主張，用相同的教育方法教所有孩子，基本上就是錯誤的教育政策。德國有超過七成的孩子選擇先就業、讀技職，相對地，只有兩成六的學生上大學、走學術之路，台灣卻正好相反。

為什麼除了基本學歷以外，為數眾多的七成學生要陪三成學生讀書，反而忽略、漠視他們應該發揮的天賦與優勢？

我們不能再用考大學、培養菁英的方法，來期待所有學生。因此，**接下來我要談的便是「技術」**，這涉及我多年關注的「技職教育」。現今大學過剩，高學歷通膨貶值，很多學生與家長體認到，不是每一個人都需要念大學，卻一定要有謀生的能力與扎實的專業技術，才能在未來立足。

於是，這幾年，我們看到技職教育體系重新受到肯定，不適合走學術路線的孩子及早回頭，家長也開始鼓勵孩子進入技職學校，探索天賦所在。因此很多技職學校都滿招，甚至超額。

但是，新的問題也暴露出來。大量學生回到技職學校的同時，過去因無知而淘空的技術內涵及設備，如今便都不夠了。

過往種下的因，今天嘗受它的果。如果老師還是過去的老師，設備仍是過去的設備，已經不足以應付科技發展以來對技職的需求。技職教育從內容、教法到設備，面臨必須全面革命的時代。

好比台東最具代表性的公東高工，在職校最低潮時，一度學生降到只剩下六百多人，但這些年一路爬升，目前有超過一千五百位學生。它的木工科停招多年之後，這幾年恢復招生，學生也再度察覺木藝的重要。

但是請注意，我認為傳統的木匠已經不能滿足未來的需求，學生的思維需要從「匠」的思維提升到「藝」的思維。因此，老師也必須把過去停留在技術的思維重新提升，以面對培養學生未來美學能力的巨大挑戰。

還有機械加工科，台灣的證照考試還在考基本的車床、銑床技術，甚至從二十年前一成不變的六種基本題型中抽籤考試。但最新的電腦科技，早就可以在設計端，學習立體製圖，並且只要懂得操作，利用「五軸加工」，幾乎可以立刻製造出平常人工無法達到的立體成品；更新的3D列印技術，甚至已經可以「列印」出音質乾淨的小提琴或可以實際行走的橋梁。

然而，這些產業的尖端技術，卻無法普及到學校教育，現在的證照考試無法因應產業的實際需求，令人憂心將來的就業和教育如何銜接。

最後，我們再來看「藝術」，或者廣義的美育。從過去到現在，我一直強調，多元深厚的文化與藝術，是台灣向來引以為傲的資產。如今，台灣除了還保有言論自由的空間以外，我必須坦白說，過去的優勢已經不保。

對比之下，對岸的大陸除了政治民主仍是禁忌以外，舉凡茶道、禪修、孝道、文化創意及宗教，都愈來愈興盛，而探討孔孟、老莊學說的書籍大行其道，名家輩出。對岸知識界都在走我們過去走的路，但速度卻比我們過去更快。

影響所及，近年來，台灣花費多年時間所培養出的文化菁英，紛紛到對岸去發展。這是很現實的問題，而我們所引以為傲的文化，又不幸被詮釋成「文創」

「產業」。

事實上，**文化當然不等於文創**；文化是最基本的土壤與環境，它就像樹木的根幹基礎，當文化能深耕細耘，最後長出來的東西可以是音樂、戲劇、舞蹈、美術，也可以是所謂的文創商品及觀光，但從本質來看，如果土壤沒有了，根與幹沒有了，它將無法培養更多的樹木、花朵，這是我們要擔心的事情。

撼動體系，需要更多努力

可是，藝術向來被排擠在學校教育最末端的順位，其重要性被所謂「主流」學科稀釋，甚至經常被「借課」所犧牲或取代。我們必須慎重思考，如果文化藝術是一個國家的軟實力，或是深層的精神內涵，那麼居於國民教育骨幹的十二年國教，對於文化與藝術的扎根、培養，又占有多少比重？

我認為十二年國教的基本面，首先必須教導學生「做人」，即身為現代公民的一切基礎教養；其次是教導「做事」，依循個人性向特質，分別滿足其對學術、技術與藝術三重核心的探討。老師與家長聯手努力，運用各種手段，激發孩子對智識的好奇及自我天賦的發展。

如同我一再強調的「我們不能再用後照鏡去看未來」，所謂的教育革命，已經由老師單向的灌輸、大量複製到全球性翻轉。可喜的是，我也見證了一些台灣的熱血老師挺身而出，並且廣泛受到媒體關注與大篇幅報導，但面對這個全球性的問題，目前的努力尚不足以撼動教育體系。

捲起袖子，解決問題

想要有所改變，除了需要由下而上的老師、家長徹底覺醒，更需要政府在政策、教材、師資培訓的內容與方法、評鑑考核經費補助上，多管齊下；負責監督政府的民意代表，更不能為了部分選民的政治訴求而失去立場。

對於技職人才的培育，產業界更必須全面參與，抱著孤注一擲、非此別無他途的心情，為自己，也為台灣打開一條新的希望之路，否則基本的人才、經費、資源得不到支持，最後教改仍會回到空談。

在這篇文章的最後，我忍不住要重提我在二〇一四年《你就是改變的起點》

中提到的一段話：「在一個嘈雜紛亂的拓荒年代，要看出問題並不困難，要找出解決辦法亦是可能，難在於捲起袖子，真正去解決問題。」

此書改版之際，我仍感到烈火煎心的焦慮；從五年前到現在，我眼見台灣面臨日益嚴峻的經濟、產業危機，台灣的未來已經走在歷史成敗的懸崖邊緣，我們不能再深陷過去錯誤的泥淖，而教育是我們最後、最深的希望。

我深深企盼，全國上下能夠不論黨派、立場通力合作，為台灣找到未來新的生機，這也是我們每一位公民責無旁貸的天職。

二〇一一年自序

這是教育的「共錯結構」，我們必須共同承擔

二〇一〇年六月，我帶著準備許久的簡報資料、幾本國際上關懷青年未來的書籍，以及我無可救藥的使命感來到教育部。

我所看見的台灣教育問題，急迫地驅使著我，求見主掌台灣教育未來的部長，經由簡單寒暄，我隨即開始導入正題。

我談到台灣目前被摧毀的技職教育體系，提到花東的國立大學為什麼有九〇%的外地學生，卻沒有空間給在地青年一個就近學習的機會，也說到台灣未來即將面臨學校供過於求的問題，我甚至論及，台灣如果轉型成功，可以成為教育的輸出國……。

我看到部長試圖解釋，卻又心神不寧的眼神；沒多久，幕僚遞上一張紙條，

告知下一個會議已經在等待了。這個時候，我突然覺醒，原來我又做了一次「豬頭」。（豬頭，是我與好友常常看到時政方向偏差，知其不可為而仍然設法提出建言，事後卻如夢初醒的自我調侃用語。）

我發覺我又在浪費部長的時間了，當然也在浪費自己的時間！

一顆關懷青年的熱心和無可救藥的使命感驅使

因為我驚覺到，這種狀況又豈止是教育部部長所面臨的，這幾乎是目前每一位首長面臨的局面：每天從立法院的質詢、立委個別約談求見，開不完的會議、演講、行程，以及陪同長官視察、處理突發事件，到媒體狗仔式的跟蹤追問，當然還包括了一大堆像我一樣的人想要建言……。

忽然在我眼前浮現出一個畫面，原來我們政府的所有首長，就像是綜藝節目裡機智問答遊戲中的來賓，舞台正上方懸掛著一顆不斷充氣變大的氣球，他們得輪流坐在氣球下方的座位，在倒數計時壓力下，面對一個接一個的問題，拚命想出答案，好安全過關，逃離這個位置，換下一位「苦主」上台。

時間愈來愈少，氣球愈來愈大，伴隨著旁人的摀耳、尖叫、喘息，答題時間愈來愈少，思考也愈加窘迫，最後只好亂槍打鳥，祈求應付過關。

這景象其實我們一點都不陌生，我們的官員，一上台就急著答覆每位由立委、首長、媒體、學界、黨派等各方人馬丟過來的問題，他唯一盼望的是：「唉，答完所有問題之後，我能全身而退！」或「我只求還在位子時，頭頂的氣球千萬不要爆掉，剩下的我管不著，也沒時間管，更沒機會思考。」

結果，不同任期的官員，便像跑馬燈一樣轉上台，又轉下台，但沒有人有時間、有能力去停止那顆不斷脹大的氣球，問題也永遠沒有解決的一天。

冰凍三尺非一日之寒

冷靜想想，這個社會，甚至全世界的政治人物，又何嘗不是如此。就拿美國來說，我不相信，幾年前造成全球經濟重傷五內的金融風暴是一夕而成的；我更不相信，當那些高明的金融炒客將不良資產包裝成３Ａ債券時，全美這麼多財經學者專家，竟沒有人看出它潛在的危機。

任何災禍都非一日之寒，過去十幾年間，各家投資銀行玩著各種金融伎倆，我不相信那麼多聲譽卓著的會計師事務所，查帳時竟會查不出來，無法預見這微小徵兆將釀成巨大災禍，當然我也更不相信，美國政府主事者沒看到這些問題。

原因極可能是，同一批政治人物，當他發起伊拉克戰爭時，代表必須有強大而繁榮的經濟來支撐龐大的軍事支出，於是只能讓虛幻的金融炒手、房地產炒手、投資客，以巧取豪奪的方式，奪走美國及各國無辜百姓、公司、國家的財產，維持一種太平盛世、國力鼎盛的假象。

直到事件爆發，持續脹大的氣球破了，全球金融陷入谷底時，才讓不只美國，而是全世界的公司與個人，損傷無數。而今，居然少有人要被刑法起訴，沒有一個人必須為這個歷史事件負責！

教育政策關係青年無比珍貴的未來

回過頭來看台灣，與台灣所有年輕人的未來息息相關的教育政策，不也正是如此？

台灣在短短十多年間，容許大量掌握基礎教育的職業學校升格為專科學校，然後又以科技專校之名升等為學院。為了要有足夠的系升格成院，再擴充足夠的院成為大學，他們創造出很多名字很好聽、但現實出路卻完全「無效」的學系，美其名為「科技提升」，實際上，卻是對台灣好不容易累積的技職教育，來一次全面性的摧毀。

技職專校一所接一所搶著升格成大學，學生卻愈來愈學不到真才實學，許多年輕人對自己沒有自信，於是學士念完考碩士、碩士念完又攻博士，在學校愈待愈久，愈沒勇氣離開，人生最美好的年歲，卻在學校虛耗青春，困守在這樣的惡性循環之中。

不願面對的真相

只要簡單對比下面的數字，就知道問題的嚴重性。

目前大學院校每年的總招生人數約三十萬，但二〇一〇年大學畢業生卻只有二十二萬七千人，而二〇〇九年的出生人口為十九萬，二〇一〇年只剩十六萬六千人。近年來，台灣的新生兒雖然有微幅成長，甚至曾突破二十萬大關，卻依然無法滿足每年要至少三十萬新生才能填滿的大學名額。

毋庸置疑，將來必然有很多學校招不到學生，面臨倒閉。

這是再簡單不過的算術，然而從政府官員、學校，再到家長，竟然全都眼睜睜看著這個問題氣球在頭頂膨脹，沒有任何人有能力阻止。一些坐在這位子的官員之所以冷眼旁觀，只因為這是一個戳破了就難以收拾的局面。

然而，不管我們理不理會，這氣球終有爆炸的一天。政府耗費大量民脂民膏，投資在這麼多無用的數字，當高等教育大崩盤時，誰來付出代價？說來殘酷，這就是我們青年人無比珍貴的未來。

這就是台灣不願面對的教育真相！

教改不該只是美麗的口號

可是，仔細想想，是誰坐視問題惡化？是誰讓這個氣球不斷膨脹？是教育部？是教改人士？是政府？是民意代表？是學校老師？還是學生？或是為數眾多的家長？

我要說的是，全部都是！我們都是造成當前問題的「始作俑者」。其實，這不是一位部長可以解決的問題，也不是一個行政院院長可以解決的問題，這甚至也不是任何一位總統能解決的問題，而是「我們」所有人，放任這些問題日積月累、陳陳相因，演變到一個難以收拾的局面。

教改成為美麗的口號，但遺留下問題叢生、缺乏整體規劃的教育政策，為討好選民做了錯誤的轉向——學生因為找不到方向，大量湧入沒有前途的校園；家長抱持過時的觀念，繼續綁住孩子……，這一連串錯誤的循環，彼此互為因果，形成牢不可破的僵局。說得更嚴重一點，這是一個大家都有責任的「共錯結構」，沒有一個人可以逃掉。

面對問題，承擔責任才能改變

如果政府依然拿不出對策，「頭痛醫腳、腳痛醫頭」，如果官員還是一提到問題就逃避，如果老師依然抱持鐵飯碗心態，如果家長還是急功近利、唯分數是問，那麼，所有一切教育改革的嘗試，都不會成功。

教改人士把責任推給政策執行不力，學校又把責任推給父母，父母將責任推給教改。於是，學校責備老師、老師批評父母、父母又怪罪政府……，結果，最可憐的是那些沒有發言權的學生，他們繼續受害，卻沒有人救得了他們。

如今，問題發生了，我們必須共同承擔。眼看這個氣球，專家不願意去戳破，政府官員不敢抬頭面對，於是，最沒有資格批判教育的我、最沒有教育專業研究背景的我，選擇寫這本沉重的書。

一切都是因為愛之深、責之切

嚴格來說，我是個受正統教育不足的人，我自己甚至沒有念過大學，但我愈了解台灣教育問題就愈焦慮，時而感到一種恨鐵不成鋼的憤怒、時而感到一種油煎火燎的急迫感、時而為我們正在受教育的孩子們流淚……，我眼睜睜看著台灣過往累積的優勢正在流失，而時間卻不站在我們這一邊。

我的個性有點矛盾，一方面我是個內向的人，從不覺得自己優秀完美；另一方面，我常看到問題急迫，而那無可救藥的雞婆個性，又使我不得不率先站出來發難，以致常常被謬認為是意見領袖。其實，我深有自知之明，累積這麼多年觀察的結果，我不過是一個業餘的社會觀察者，以及想盡點社會責任的公民。

我並不是一個天生喜歡用激烈口氣講話、搏取注意的人，然而，看到台灣教育亂象，看到明明一步之遙、一念之轉，台灣可能就大不相同，我們卻讓它變得那麼遙遠，我不得不自不量力地站出來，放大聲量、喚起關心。

如果我這本書裡的話語，在不經意間傷害了某些朋友，我相信，他們會原諒我，知道我的初衷。愛之深、責之切，不是我的託辭，但的確能代表我始終不渝的初衷。

這本談台灣教育的書，跟我過去所有的書都不同。我明知道未必可以有所改變，但帶著天生的社會使命感，我仍選擇再做一次豬頭。

第 1 章

醒醒吧！家長

不是每個人都要當國家棟梁，
社會更需要腳踏實地、堅守崗位、
熱愛工作的螺絲釘。

以愛之名，
父母無意間成為孩子成長最大的絆腳石。
醒醒吧！家長，
你可能就是扼殺孩子天賦的頭號殺手，
教育改革的最大阻力！

「你這樣的成績，申請不到好學校的。」

「幹嘛要申請好學校？」

「進好學校學一技之長，受人重視，將來好找事呀！」

「我現在就去找事不行嗎？」

「你現在這樣能做什麼事？一個大學畢業生，沒有一技之長，你只能做出賣勞力的事情。你要去端盤子？還是去加油站幫人家加油？」

「那又怎樣？」

「那你會有什麼前途呢？你這樣做，十年後，你可能還在端盤子、還在出賣勞力。」

「那又怎樣？」

「什麼叫『那又怎樣？』你就這麼沒出息？你想一輩子端盤子？一輩子出賣勞力？」

威威開始不說話了，眼神又開始冷漠、木然，直直地瞪著我。久久，威威冒出一句話：「如果我十年不回家，你會怎麼樣？」

——節錄自《孩子謝謝你——一個父親的懺悔》

這場父子間嚴重的爭執，是成功大學教授景鴻鑫最痛心的一段。從小到大，威威受不了父親只問成績的高壓統治，長年打罵羞辱，積怨日深，最後遠走美國，斷絕音訊。他永遠記得二〇〇七年十月，他打開電腦收到兒子寫給他的最後一封電子郵件：

在你給我的E-Mail中，你總是說你多愛我
但在我印象中，我們一見面，你就會說，我為何不照你說的話做
還會說，你這樣子未來會很糟糕、很怎樣……
我想到就噁心。真的，噁心
我想不透，一個人，可以在口口聲聲說愛一個人的同時
以毀滅他的信心、自尊、情感為樂
就像描寫中國傳統家庭的電影一樣

父母總是以對小孩的責罰來表示對小孩的愛
或許你覺得那很正常，沒有什麼不對
但你可否想過，在小孩心中是什麼感覺？
⋯⋯
總之我想說的是，我以後不想再跟你們聯絡了，永遠不
我受不了那種摧殘尊嚴的言詞，即使我知道你們會養我
你說的話，你們說的話都讓我心碎
最愛的人，傷我最深
我永遠不要再接受這種精神上的折磨
即使我非常清楚地知道，我會活得非常非常辛苦
與你們在一起，物質上十分豐富
但是精神上卻深深恐懼
與你們分開，物質上無比困難
但是心靈上沒有枷鎖

……

總之，你們以後不用再E-Mail或打電話給我了

錢也不用匯了。我會活得很好

希望你們也活得安好

——節錄自《孩子謝謝你——一個父親的懺悔》

這封絕交信，冷冷地停在電腦螢幕前，彷彿一顆原子彈，在景鴻鑫的耳朵旁炸開，他由震撼、流淚到深切自責，逐漸覺悟到自己的種種不是。二〇一三年，他鼓起勇氣寫書，外揚家醜，除了療癒自己，更希望天下父母不要再犯同樣的錯，更盼望有生之年，能當面跟孩子說一句：「孩子，對不起！」這是一位父親何其沉重的自責。

長久以來，我們的教育不斷有人提出各項改革案，我曾與一些在教育現場想有作為的教育部官員、校長及老師談過，他們說出同樣的心聲：「我們

正努力為孩子的未來做出改變！但若家長的觀念無法改變，一直停留在分數代表一切、唯有讀書高的『士大夫』觀念，那任何改變都抵抗不住來自家長的壓力！」

我們今天討論教育問題，不能只關注在孩子身上，容我說一句可能會冒犯的話，我覺得，家長本身就得從觀念先進行再教育。當我們不願正視自己的問題，覺悟自己擁有的權利及影響力，事情便永遠無法改變。為什麼家長本身會成為教育改革最大的阻力？到底哪些根深柢固的觀念，成為子女、老師們都難以抵擋的壓力？

願意繼續看我這本書的家長們，何妨問問自己，是否也有以下盲點而不自知。

盲點一：深怕孩子輸在起跑點，是沒有安全感？還是虛榮？

即使教改進行了許多年，對大多數家長來說，鼓勵孩子讀書、拚命擠進明星高中，然後考進國立大學，仍然是最讓人安心的一條道路。

很多人提到怕「孩子輸在起跑點」，於是填滿很多不必要的學習，這就好像一個人被不斷餵食，卻不讓他有消化反芻的機會。

當我們看到各式補習班林立街頭，不過是反映社會這種心理現象而已；某種角度來說，這也是家長與學生另一種虛榮與沒自信的表現，而學校及補習班，只不過是充分利用學生與家長的弱點，投其所好、順勢而為罷了。

這種教育體制，除了分數、名次，其餘天賦能力全部退居其次。

台灣教育對分數的執迷，已經到了瘋狂的境地，所有關乎升學的重點科目，對分數都是錙銖必較，太多家長更是每天斤斤計較班上名次、全校排名。因此，有些孩子不惜以作弊換得好成績，只是為了不讓父母失望，我們一切關乎教育原初的理想，在分數面前都化為齏粉。

而台灣許多父母都相信，補習是讓孩子致勝的條件、取得成功的捷徑，但嚴格說來，透過補習，

補習只是以「術」迎合考題，甚少有啓發教學的元素，或鼓勵學生自己找到答案的成就感。

我們應該從未來的眼光審視現在，而不是用過去的經驗值框限未來。

只是由補教老師「以技術的捷徑，教學生得高分」，甚少有啟發教學的元素在內，或鼓勵學生自己找到答案的成就感，只會以「術」去迎合考題，找到破解之道。

過去，曾有某位教育首長侃侃而談，要讓補習業消失；然而，現在實際的結果是，補教業在百業不振的這幾年間，比過去更加興旺。

其實，每個人的才智各有所長，開竅早晚有別，天賦各擅勝場，但學業上得不到肯定的學生，在現行體制下，很容易被老師、學校放棄，而被放棄的孩子又容易自暴自棄，天性不適合傳統教育方式的孩子，便逐漸被邊緣化，像瑕疵品一樣被報廢。

難怪，有一年大學入學測驗，一位考生在國文考卷上寫著：「我的人生在國中就已經失去了。」

無數的考試和分數織成一張大網，讓一整個世代的年輕學子，囚困其中，成為永遠逃不出去的籠中鳥。國中還正值青春時期，卻這麼早就全盤否定自己的人生，怎不讓人心驚？這一切，許多父母的不安全感和虛榮心難辭其咎。

盲點二：繼續膜拜不合時宜的升學主義

七〇年代，台灣工業正待起飛，整體經濟環境正由一個農業大國，逐步蛻變成生產基地、世界工廠，需要大量人才投身工業生產。

因應時代需求，當時的學校教育具有強烈的現實取向，為了分工和效率，把一天劃分成許多時段，如同工廠生產線一樣，上工、休息，按表操課，把知識一塊一塊往腦袋裡填塞，努力把人訓練成聽話的機器，成為可以投入工業生產的「人才」。

但是，當時序邁入二十一世紀，許多工作已經被機器人取代，台灣必須向上提升、進入新的開創時代，競爭力不能再只倚靠大量製造。但在我們的環境中，只有科技產業一枝獨秀，我們的教育遠遠落後於社會發展。

日本科學家中村修二因研發藍光ＬＥＤ而獲得二〇一四年度諾貝爾物理學獎，二〇一五年初，他在一場國際記者會中，公開批判過去所受的教育，同時指出「東亞教育浪費太多生命！」

他成長於日本偏鄉一個普通漁民家庭，不擅長死背考試，考上三流大學，但是他自學與手做能力卻非常強，最後成為電子工程學家，也是現今廣泛使用的商業用高亮度藍色發光二極體與青紫色雷射二極體的發明者，世稱「藍光之父」。

中村修二認為，這些深受儒家思想與科舉遺害的中、日、韓等東亞國家，在中、小學教育上強調重複記誦、不斷考試、大量補習，只為精熟各類考試所需的技術以獲取高分，然而真正的「知識」卻是另一回事，他說：「**認知是拓展和變化的，其本質是創造或學習新的東西。如果教育過度強化複習，是產生不出創新人才的。**」

因此，東亞教育投入資源之密集、巨大，與其最終產生的結果，完全不成比例。這種從幼兒園開始到大學的學習卡位戰和爭奪戰，實質是對有限的高品質教育資源的爭奪，也讓像中村修二這類喜歡「動手來思考」的學生，感到痛苦不堪。然而，教育效率低下，所有人都深受其苦，最終只成就了少數人漂亮的紙上成績。

這種體制，對於人力資源更是一種殘酷的浪費，因為培養出的大量標準化人才，在二十一世紀的新時代裡，變得愈來愈沒有價值。在節能減碳日益迫切、人類生存核心價值日漸改變之時，我們卻仍然沿用十九世紀工業革命講求標準化、大量生產的教育模式，以致教育內涵跟現實生活脫節，一味用昨天的經驗培養（教育）未來所需的人才。

當時代往前走，從大結構來看，**我們應該從未來的眼光審視現在，而不是用過去的經驗值框限未來**。諷刺的是，設計今天教育制度的人，都是上個世代的人，甚至很多是早已過時的人物，對未來社會很難再有發言權，過去栽培他們的方法，又怎麼能繼續硬套在我們的孩子身上？

國際大導演李安考大學時，落榜兩次，這種挫敗

分數代表的是現在的知識，並不能預測未來的表現。

的感覺，總令他覺得對不起父親，一輩子遺憾。他曾回顧過往不斷受挫的求學經驗，有感而發：「所謂的升學主義、考大學，除了培訓基礎知識與紀律，對我毫無意義。」

直到他進了當年的國立藝專（現已改制為台灣藝術大學）念電影，第一次登台演舞台劇，才電光火石般點亮內心，找到自己的天賦，經由多年不懈的努力，成為世界級大導演。

他的幸運，或許是很多不幸累積出來的。

但是，除了大家熟知的李安，其他在眾人目光不及之處，藏有多少才華遭埋沒、抑鬱以終的李安？身為家長的我們，難道還要繼續膜拜傳統升學主義，扼殺孩子智育以外的天賦，讓心愛的下一代成為不合時宜的產品？

盲點三：要孩子追逐速利、速成、齊一、從眾的人生

許多家長將自己一生達不到的夢想，寄託在孩子身上，但大多數父母

的夢想，都是依循「安穩的社會階梯」，對於「成功人生」懷有一種既定看法，包括：坐擁高薪、在知名大公司工作、年終豐厚、晉升快速……，總希望孩子在職業的選擇上，搶搭主流或所謂的「趨勢」，彷彿最多人走的路，就是最平坦、最安全的路。

這樣的情形，不只出現在台灣，美國也是如此。早期美國社會重視培養科學家、工程師、醫生等人才，有錢、有能力、有權勢的菁英家族孩子，都被鼓勵朝這些領域發展；後來，熱門行業變成法律、會計與政治，一堆菁英又變成了律師或政治人物。

過去十幾年，許多美國和台灣的菁英家族孩子，紛紛選擇念金融；畢業後，都進入華爾街投資銀行界，學習購併、炒作、設計金融商品。

身為家長，難道還要繼續膜拜傳統升學主義，扼殺孩子智育以外的天賦，讓心愛的下一代成為不合時宜的產品？

這批美國各大名校培育出來的優秀菁英，最後都被訓練成金融操盤手，比的都是如何投機、如何在最年輕時大賺一筆，整個社會也鼓勵這樣的風氣，紛紛報導年輕人第一年進入華爾街後，就能拿到多少驚人報酬。

二〇〇八年九月爆發的金融風暴，不就是這樣發生的嗎？整個社會價值觀，鼓勵最聰明的菁英變成貪婪的操盤手，而且是用別人的錢下注。

未來領袖應該要能設身處地、換位思考，體貼別人。

那些急著幫子女搭上未來高薪行業的父母，無非希望他們就此一帆風順，但以這些孩子的基礎和條件，本來可以成為一流創意人才、有愛心的醫務人員、改變世界未來的科學家、藝術家或是學有專精的技藝家，然而，他們卻寧願選擇更快致富的金融人生。

只是，他們怎麼也想不到，之後席捲全球的金融海嘯，會讓投資銀行的貪婪與浮誇現出原形。

我們再看當年引起全球關注的希臘財政破產問題，說穿了也是這些自詡為天之驕子的華爾街之狼的「傑作」。根據《萬寶周刊》等多家媒體報導，這件事有深遠的前因後果。

上個世紀末、九〇年代初，歐元區在整合擴大時，依參加國共同簽署的《馬斯特里赫特條約》規定，歐元區成員國必須符合兩大條件：「預算赤字不能超過國內生產總值的三％」，以及「負債率低於國內生產總值的六〇％」。

原本希臘的經濟體質，就沒有好到可以跟德、法等國共用同一貨幣制度、共擬單一利率水準，為了加入歐元區，美國投資銀行高盛接受希臘政府委託，於二〇〇一年設計出一套「貨幣掉期交易」方式，為希臘政府做假帳，大賺了三億歐元的佣金。

等到二〇〇九年，希臘新政府上台，揭露前任政府造假醜聞，當時希臘財政赤字占GDP的比重已高達一二．七％，遠高於歐盟的上限規定，負債率更高達一一〇％的驚人地步。

更慘的是，二〇一〇年初，貨幣掉期交易即將到期之前，夠狠的高盛又聯合美國對沖基金做空希臘債券，造成歐債危機，全世界就是被這些「華爾街之狼」加上政治無賴國家，一起惡整。

一個國家被一家投資銀行把玩於股掌之間，也讓一個曾經孕育蘇格拉底、柏拉圖的偉大國家幾近癱瘓，需要歐盟的救濟與紓困。當初為希臘做假帳的高盛操盤手，如今也身陷可能被起訴的風暴之中。

這都是真實發生的事件，更證明了只憑聰明與取巧，而沒有倫理與公義思維，並不足以成就一個真正有視野的未來領袖。**難道身為父母，希望自己的孩子集所有天賦才幹於一身，卻只是協助跨國公司做假帳的貪婪員工？**

世界變化得太快速，今天的趨勢可能到明天就變成歷史，家長卻仍盲目要孩子追逐速利、速成、齊一、從眾的人生，不管孩子願不願意，寧願讓他們依託在社會的主流價值中，載浮載沉，甚而埋沒一生。

盲點四：要孩子爭捧鐵飯碗

每隔一段時期，社會上就會交替出現一些熱門職業，成為大眾目光的焦點、追逐的方向，例如：之前火紅的「科技新貴」，或台灣早期俗諺：「要賺錢，第一賣冰、第二做醫生」（現在醫生還是很熱門，但很多醫學生不再選擇辛苦的、可能隨時挨告的外科）。

過去幾年，則是因為經濟衰退等各種原因，許多父母的不安全感加重，要求孩子全力謀取公職，不管合不合適，先捧到一個「鐵飯碗」再說。

我曾認識一位年輕人，他有一份還算有意義的工作，但當他有了固定的女朋友，由於女友及其家長都是公務員，準丈母娘為了女兒的終身保障，要求他也必須考上公務員，才放心將女兒嫁給他。

曾幾何時，公務員變成新的安全標章、年輕人逃避風險的避風港，甚至是金龜婿的必要條件？

因此，這幾年來，高普考人數屢屢創下新高。二〇〇九年，受金融海嘯及經濟不景氣影響，失業人口增加，高普考報名人數暴增到十二萬人之多。即使後來，景氣逐漸復甦，失業率下降，高普考報名人數仍不減反增，多達十三萬人報考，破了十年以來的紀錄，考公職儼然成為年輕人的「全民運動」。

台灣社會更需要腳踏實地、堅守崗位、熱愛工作的螺絲釘。

雖然，近年來報考公職似有退燒之勢，但仍是許多追求安穩生活的父母及其子女職業首選。可是另一方面，公務員的社會形象與職業尊嚴也節節滑落，今非昔比。

曾經，在我成長的四、五〇年代，老師、警察和軍校，是貧窮子弟與原住民的脫貧機會，很多軍人子弟進軍校，出身眷村和農村的年輕人則走公務體系，當公務員或職業軍人。

但是，這幾年來，我們可以看見，各種背景出身的人都來搶鐵飯碗，不僅高普考和特考搶破頭，甚至警校、軍校招生也僧多粥少，軍公教鐵飯碗前所未有地「珍貴」，因此我們看到成批的年輕人，將鐵飯碗當成人生最值得追求的事，一次考不上，再考第二次、第三次，補習再補習，將生命消耗在不斷重複的考試中。

很多碩、博士生，也加入考公職的龐大陣容，因為擁有高學歷，對於職等升遷加分有幫助。這樣，我們如何期待抱持這種觀念進入公職、掌握國家資源的人，會有責任心和使命感，為國家永續未來設想呢？

教育資源過於集中，助長強者益強、弱者益弱的社會

前面，我列舉了父母可能帶有的四種盲點，但這幾年來，我很關心偏鄉的教育發展。宏觀來看，台灣的教育還有結構性的資源分配不均現象，這助長了「強者益強、弱者益弱」的社會，這也是我們教育最大的不公平、不正義之處。

台灣大學教授駱明慶的知名研究《誰是台大學生》指出，台北市人口成為台大學生的百分比是台東縣的十六倍，而人口才三十萬的大安區，成為台大學生的人口百分比，更是台東縣的三十二倍。

政治大學客座教授錢致榕同樣曾在一次演講中感慨，光大安區的台大學生人數，就比整個高雄市的台大學生還多。

台大，就位於大安區，也是教育部五年五百億元新台幣「邁向頂尖大學計畫」的最大贏家。但駱明慶的研究卻統計出，台大學生的父親有近五成是中、高白領階級，月入八萬元以上，而父親為勞工的不到七％，父親務農的更只有一．六％。

顯然，父母的財力及工作所得愈高，愈買得起明星學區的房子，給孩子的教育資源愈多（如：補習、學習各種才藝），子女就愈有機會成為台大（國立大學）的學生。對比之下，沒有錢的家長，可能連自己的生活都沒有能力維持，如何有這麼大的財力為子女鋪路？

無形中的「世襲」制度

從研究結果可以看出，社經地位愈低、愈是弱勢家庭出身的孩子，愈是升學考試下的「輸家」，進國立大學的機率也愈小，只能念私立大學或技職學院。偏偏每一位國立大學學生，政府每年補助學費新台幣二十餘萬元，四年下來就補貼了八十多萬元；反之，私立學校的補助則微乎其微。

全台申辦就學貸款的總人數，早在二〇〇八年就已衝破八十萬大關，而且逐年增加，以致很多私校大學生、研究生一畢業，就背負了新台幣三、四十萬元的貸款，薪水扣掉生活費，全部都得用來還債。一出社會，人生就從負債開始。

一位貧苦出身的台大學生曾有切身經驗，他為了籌措學費，大一便到信義區豪宅裡為高中生補習，經由一對一指導，家教學生順利進入國立大學。但他不免想到，如果自己遠在南部老家的妹妹，有他在身旁協助課業，也許就不必念昂貴的私校，讓家計更加沉重。

台灣現今的高等教育，每個科系都要冠上「管理」的帽子，卻沒人要做「被管理」的工作。

以前考師範體系、當老師是窮人的出路，不少高階文官都有老師的背景，出身貧寒家庭但有上進心的優秀年輕人，最起碼可以進入不收費的師範院校，經由努力，轉任公職，甚至表現優良而扶搖直上，為自己打下一片天。

然而，現在連這樣肯苦學上進的學生，都不再有同樣的機會。升學可以補習、考證照可以補習，教育投資成為一種從小到大的「軍備競賽」，除了學校，還有各項課後學習輔導，有能力補習的人在考試技術上往往超人一等。

教育部也想要積極作為，推動希望舒緩升學壓力的「十二年國教計畫」，但只要進國立大學仍是家長與學生的首要目標，壓力就難解除。

不公義的考試社會

根據二〇一一年二月《遠見》雜誌民調指出，近五成家長仍會選擇增加孩子的補習時間，目前每個小孩估計每月補習費近新台幣七千元，實施十二年國教後，補習費恐再增加，難怪連補習業者都敢站出來嗆聲說：「教改，永遠打不死南陽街！」

我們看到一種畸形現象：台灣的教育體制高度補貼背景好、競爭力強的學生，窮人難以透過教育翻身，社會階級不易流動，正往一條「贏者全拿」、「強者益強、弱者益弱」的不公義之路前進。

我們的教育，說穿了就是「考試教育」，不只在學校如此，日後當教授要考試、當公務員要考試、當老師要考試、當軍官要考試、當警官要考試……，連教育的主事者，統統都經由考試錄用，連帶整個社會的價值觀，完全都被「考試」扭曲了。

這正好反映出大部分家長的核心迷思：「考試是最公平的評鑑方式。」但就我來看，考試，其實才是最不公平的方式。

重要的東西無法量化

因為考試只容許「有強記能力」的考生出頭，考試考不出熱忱、考不出責任心、考不出使命感、考不出溝通力、考不出領導力，考試當然也考不出有遠見、企圖心和決策能力的未來領袖，考試更考不出一個人的品格、品味；至於藝術、文化、教養內涵，更是統統考不出來。

曾長居芬蘭多年的教育研究專家陳之華觀察，在芬蘭的學校，考試分數是你和老師兩人之間的祕密，不能任意公開，否則等於侵犯人權，製造彼此競爭，甚至是敵對的心理。

而北歐的家長之間，也少有打聽別人孩子考第幾名，甚至有些科目還會設計難易不同的考卷，因為考試是評量學生自己學習消化的程度，而不是用一把尺，比較誰高人一等。

中央大學教授洪蘭曾為文指出，根據美國賓州大學一項研究，父母過於強調分數，讓孩子承受巨大壓力，將增加他們成年後精神障礙（如：憂鬱症）的風險。

同時，她也指出：「很多人誤以為分數是量化，最公平，但愛因斯坦就說過：『**許多重要的東西是不能被量化的**。』(Everything that counts can not be counted.) **分數代表的是現在的知識，並不能預測未來的表現**。」

因此，如果我們今天質疑：為什麼會出現考試傑出的學生，一路順遂成為政治領袖，最後卻在道德和品格素養上淪喪，不如回頭來看，是否台灣的教育內涵，本身便缺乏教導做人等其他更重要的元素。

模範生的障礙

不只是分數凌駕一切的觀念，考試單一價值塑造出的「模範生」，心態也值得進一步探討。

從個性的角度看，很多精於考試的孩子，在學校可能是受老師喜愛的模範生（teacher's pet）、在大學可能是好的研究員，但除了考試成績優異，他可能沒有機會學習讀書以外必備的做人條件。

甚至，有家長往往因為孩子會讀書就嬌寵孩子，好比「你把書念好就好，家事不必做！」一些該負的責任、應盡的義務一概不重視，因此欠缺做事圓融、謙沖、為人設想的能力，反而造成模範生的障礙，甚至進入社會、企業時，產生極大的人際問題。

然而，未來領袖並不需要凡事高人一等、做事完美無缺，反而要能設身處地、換位思考，體貼別人。現今世界無比繁複，遠超過一個人的全知全能，因此，做人行事謙虛退讓，才能學習每個人的優點、萃取他人的智慧。

不必每個人都有領袖之才

二〇一五年七月，《紐約時報》刊登了〈傳授社交技巧可以促進更好的成績和人生〉（Teaching Social Skills to Improve Grades and Lives）的報導，值得引述。

這是一份九〇年代初期啟動、追蹤長達十三年甚至最長十九年的研究。研究人員要求美國幾個州的幼稚園老師，從幼稚園開始，以「自發性的同儕合作」、「利他助人」、「同理心」、「獨自解決問題」四項指標，觀察總數達七百五十三位孩童的社交能力。

這些統稱為「社會能力量表」（Social Competence Scale）的四項社交能

力，對孩童未來的發展極具預測性。一項顯著的指標是：社交技巧得分高的孩童，他們大學畢業的可能性是社交評比分數低的孩童「四倍」之多。因此，學校只教學生學業和磨練考高分的技巧，對學生是嚴重不足的；其實，更重要的是**幫助孩子發展核心的社交及情感能力**。

「社交和情緒智能」（social and emotional skill）不同於學業的「認知技能」，簡單來說，是「與自己和他人相處的能力」，也就是自我管理、自我意識、社群意識。因此，培養學生自律、品格、情緒管理、解讀他人情緒、轉化負面思想的能力等，將對他們日後人生多重面向的成功大有助益。

從這篇報導及很多研究可以看出，未來社會需要的，不是凡事以自我為中心的天之驕子，而是協調性高、溝通力強、善用人才的領袖。

我們的社會，不必每個人都是領袖人才，如果家長能夠認真協助孩子，探索自己的潛能與天賦，**其實每個學生都可以找到自信的泉源，在他天賦的**

不必每個人都是領袖人才，每個學生都可以在他天賦的領域，為社會發光發熱。

領域為社會發光發熱。

多年前，我受邀為大陸復旦大學、交通大學、中歐管理學院聯合EMBA班演講，當時面對全場幾百位大陸名校生，我坦言，自己經過了很多、很多年，才終於體認到，過去我對學歷的自卑，是整個社會、整體環境造成的，而不是我真有多差、才智多不如人。

可是，為什麼這麼長的時間，我會對自己只有普通高中畢業、沒有念大學感到缺憾？我的四位兄長也都沒念大學，卻各自習得一技之長，走出自己的人生坦途，我這種因學歷不高的自卑感到底來自何處？

直到前幾年，我才驀然覺醒其中的問題：我們的教育目標非常單一，讀大學、拿博士、找到令人稱羨的好工作，才是人生正途，以至於如何運用學識，完全不在教育考量的範圍之內。

我們無形中受這種「國之棟梁」的菁英觀念毒害之深，連我自己都花了很多年才掙脫。

我不會強記式地讀書，不表示我沒有其他過人的優勢，其實，從另一個學習管道成長的我，從美國運通當傳達小弟到總經理的過程，絕對比大部分的大學教育充實，我等於扎扎實實念了一所豐富的社會大學；而我從當上美國運通總經理後，直接看到、學到一個國際公司的管理，也絕對不亞於一般研究所、EMBA班能提供的內容。

而後過去三十多年，我從經營亞都飯店，到進一步參加各種國際組織，甚至最終都能擔任舉足輕重的領導角色，種種經驗轉化成我對台灣未來遠景的殷切建言，我想，也足以做為我從生命經驗中提煉出的博士論文。

以我自己親身的經歷，我認為，身為家長的我們必須率先改變觀念，接受不是每個人都要當國家棟梁，**社會更需要腳踏實地、堅守崗位、熱愛工作的螺絲釘**。

職業沒有高下之分、貴賤之別，人應具備本然的平等性。

不管生活型態再怎麼變化，回到現實面，我們仍都需要實做的技術人才：修車、修家電的技師、做家具的木工、建築的泥水工及板模工、照顧生活所需的廚師、鎖匠、計程車司機等等。職業沒有高下之分，只要我們仍沿用成績至上的評比，有些孩子便永遠是輸家。

職業無貴賤

也沒有貴賤之別，人應具備本然的平等性。

二〇一五年十月《聯合報》報導指出，全世界排名第七的富裕國家丹麥，擁有與眾不同的「反菁英教育」：其教育主事者認為，與其培養一％的菁英，不如重視九九％的群體。

在「群體教育」的目標之下，丹麥教育重視「參與」，而不是把其他人踩在腳下的「爭勝」概念，因此，課堂教的是九九％學生可以吸收的知識，而非針對一％的天才設計高難度題目，以確保「一個學生也不放棄」。

然而，多年前，推動這種教育之際，丹麥國內也曾有人擔心缺乏培育菁英的制度，將減少丹麥的競爭力。

三年前，丹麥國家電視台製作紀錄片，比較十五歲丹麥學生和中國大陸學生，發現後者的學科成績、自我紀律遠高過前者，但經過事實證明，丹麥人的「反菁英教育」，在各領域培養出的傑出人才，並不少於其他國家，甚至在很多領域居於領先地位。

職業結構應該是「正金字塔」

其實，任何一個國家、社會或公司，從真正的職業結構需求來看，都應該是「正金字塔」結構，也就是基礎、中階的技術人力占大部分，做為社會運作的堅實基礎。

然而，現今的高等教育，卻呈現一種頭重腳輕的「倒金字塔」結構，每一個科系都被冠上「管理」的帽子，卻沒有人願意做「被管理」的工作。

高職生努力升大學，到美其名的科技大學就讀，由於錯誤的評鑑制度，又引進一大堆空有學歷、沒有實做經驗的學術教授，於是老師不從實務著手，反而要學生研究一大堆沒有必要的理論學說。

這樣下去的結果，就是我們現在看到的：眼高手低，在學校學不到實務，只學到理論，出了社會、進了企業，在管理人才供過於求的情況下，只好把大學生當中學生用、研究生當大學生用、博士生當碩士生用。或者我應該說，大部分的企業（如：我所認識的飯店、餐飲業），根本就不敢用博士。

有了這麼多的高學歷人才，我們反而看到，許多年輕學生因為人生實務經驗不夠成熟，欠缺技術、人格、文化、社交等元素，而這些卻都是學校無法提供、也學不到的重要社會能力。

形塑有能力與自信的社會公民

其實，我得在這裡指出，「社會金字塔」本身也是值得批評的過時觀念。因為在文明社會，一個大學教授的薪水，未必一定要比一個高級技師高，只不過是各人發揮所長，在不同領域貢獻社會而已。

如果我們貫徹職業本無貴賤，那麼不論是領袖或庶民，都必須擁有人文素養、品格教養，這樣當然不會有誰在上、誰居下、誰墊底的評判，如此才有可能形塑出有能力、有自信的社會公民。

當然，隨著時代改變，青年人的自覺也開始萌芽，近來就看到愈來愈多學生，開始大膽挑戰自己；他們即使學業成績優秀，仍選擇自己喜歡的科系，放棄傳統第一志願。但這些發自學生本身的自覺，在廣大的學生群中，仍屬鳳毛麟角，而且許多想大膽選擇不同道路的學生，仍然必須面對家長的壓力。

父母不放手，小孩不放膽

無論領袖或庶民，都必須擁有人文素養、品格教養。

在傳統狹隘的「菁英」觀念影響下，很少父母期待子女平凡但不平庸，即使職位卑微，但人生富含意義；更缺乏願意大膽放手，讓孩子發掘天賦、找到自信動力的家長。

每個家長都有能力，也都有責任，看出孩子的天賦。

我認為，家長的觀念一定要改變，不再堅持「讀書第一」、「棟梁觀念」。

只要我們相信，每一個孩子都有獨屬的美麗天賦，就能在孩子成長過程中，扮演引導者、鼓勵者的角色，因為孩子們只有找到天賦，才會找到自信；只要我們仍沿用成績至上的評比，有些孩子便永遠是輸家。

二〇〇八年，美國第一夫人密雪兒．歐巴馬（Michelle Obama），在總統就職舞會上所穿的白色雪紡紗禮服，就是來自台灣的吳季剛（Jason Wu）一針一線所縫製，這位年輕人也因此一夕成名，二〇一〇年，他還拿下全美時裝設計師協會最佳新秀女裝設計師獎，至今仍每年都推出令時尚界驚豔的新作。

在這些傲人的經歷背後，其實是一位母親對自己孩子天分的不放棄。

吳季剛在年僅五歲時，就立志當服裝設計師，常要家人帶他去婚紗街看婚紗；上小學後，也常帶著芭比娃娃上學，研究芭比娃娃的衣裳為何如此精緻，卻因此惹來老師異樣的眼光。他的母親「自然」成為老師召見的對象，希望吳季剛能好好念書、放下芭比娃娃，將來才能成材。

別讓父母成為扼殺孩子天賦的頭號殺手

所幸吳季剛的母親陳美雲女士，沒有就此硬逼他念書，不然今日的時尚界就少了一位天才。她在小季剛被台灣的教育體制、傳統價值排斥時，毅然決然帶他遠赴美國和加拿大拜師學藝，成就了名揚紐約、巴黎、米蘭時裝週的 Jason Wu。

當然，不是每位父母都有能力帶小孩離開台灣；但是，每個家長都有能力，也有責任，看出孩子的天賦何在。不愛念書的孩子，如果不被鼓勵找到其他才能，就會漸漸失去自信，在樣樣比不過別人之下，最後只好被迫相信自己與生俱來就是輸家。

身為家長的我們，如果對教育有任何不滿，在指責別人之前，能不能先回頭想想，這些問題有沒有可能也是我們一手造成的？

我常看到，為人父母以愛之名，一片「我都是為你好」的苦心，卻無意間成為孩子成長最大的絆腳石。因此我不得不說，醒醒吧！諸位家長，如果觀念不變，我們其實就是扼殺孩子天賦的頭號殺手，我們自己就是教育改革的最大阻力！

延伸思考

為什麼這麼多年輕人要當公務員？

就在二〇一一年三月中，《遠見》雜誌與「104人力銀行」合作進行「公職考了沒」網路大調查，結果發現，接近四成受訪者表示，最想從事的行業是公務人員，遠高於科技業及服務業；其中，二十一到二十五歲間，想當公務人員的比率最高，達四二·三%。

值得深究的是，這個最想當公務員（而且以高年終獎金的國營事業最受青睞）的年齡層，正好也是失業率最高的一群人。兩相對照之下，我看到了年輕人的無奈。

這表示，即將踏出校園、進入社會的大四生及研究所同學，因面臨謀職壓力，更加以公職做為人生目標，其理由不外是鐵飯碗、福利好，又有不錯的退休金。國家，成為我們有志青年最堅強的庇護所。

就連很多念技職學校的學生，也就是理應學得一技之長的學生，也投身這個「搶飯碗」的行列。

一位在技職學校教書的老師感慨萬千地說，當他看到耳提面命、辛苦栽培出來的學生，一窩蜂去考公務員，心裡簡直在淌血。技職學校的文憑，到頭來只是考公務員的跳板，「早知如此，他當初入學時，為何不將這個學習機會讓給真正有心想學的青年，至少可以造就一個專業人才，而不是一個求取安定、不犯錯的公務員。」

不能太努力？

我們來細究一下，台灣的公務員是怎麼來的，他們全是經過激烈公開考試遴選來的，九七%都是大學畢業。

為什麼大家如此熱中當公務員？一位政府高階官員私下透露：「現在公務員平均年資二十九年，退休後國民平均餘命也是二十九年；進入公務體系之後，只要大過不犯，可以穩穩當當地退休（還有退休金）。」換句話說，一次考試成功，國家養你五十八年。

然而，在公部門服務四、五十年，他最大的感嘆是：「公務人員考進來是人才，但我們的公務體系運作方式，卻能在幾年之後，讓人才變庸才，這是國家資源何其大的浪費。」因為現有公務員體系，並不鼓勵公務員動腦子、認真做事、認真學習，「如果你太努力，同事會覺得你為什麼那麼努力？你想拍馬屁啊？」

當公務員不是榮耀？

曾經有位台大學生考上高考榜首，結果他的老師在網路上很不高興地寫道：「你怎麼那麼沒出息，你這麼好的學生，怎麼考公務員啊？你應該去台積電這類民間企業做事啊，你太沒出息了。難道我們高等教育失敗了嗎？培養出這麼多沒有出息的學生？」

為什麼考上公務員榜首，被老師認為沒出息，而非榮耀？這種對公務員的評判，不能全怪公務員，而是制度造成。

在我看來，公務員最大的流弊跟「終身保障制度」有關。我們都有刻板印象，認為公務員常常公事公辦、沒有愛心、欠缺同理心，或是上有政策、下有對策，再好的政策，下面不執行，一點用都沒有。沒有使命感的公務員，政策不斷往下打折扣，打到末梢神經就什麼都沒有了。

唯才是用才能解決問題

政府要解決這個問題，最簡單的辦法就是「唯才是用」，新加坡就是如此，甚至從高中開始培育優質文官。反之，當一個公務員不適任、做得不好，也應該像民間企業一樣淘汰。

《遠見》雜誌曾報導，現有三十四萬公務員，只有〇．〇二％拿丙等，九九．八％都是甲、乙等；過去十年來，被淘汰的公務員，一年不到四人，等於是終身保障。

不是我對公務員有成見，而是我對他們懷抱更高的期待，他們應該是一群有使命感、有熱忱、有愛心的人，帶動國家前進的火車頭，但這些特質很難由現行的考試鑑別出來，如果他們考公職的初衷就是為了有安定的工作，我們又如何要求這些缺乏使命感、企圖心和創新能力的人，把國家帶向未來？

但從正面來講，公務員是個多麼了不起的工作！因為他們掌握社會的未來，不管是鄉村或城市，他們要比一般人更有視野、閱歷，才能把社區或國家帶向未來。公務員一旦具有這種熱忱，就可以創造很多挑戰自己的機會，打造寬廣的舞台。有一流的公務員，才有一流的政府、一流的國家。

這涉及公務員對自己角色的認定，也包括他看不看得起自己的工作，以及有沒有使命感。

有句話說：「人在公門好修行」，公務員掌握了國家這麼多資源，我期待，公務員應該**回到初心，不為將來的退休金而為**，而是能站在第一線，有使命感、有熱忱，凡事親力親為，為人民謀福祉。

第2章 老師可以更勇敢

教育不應是倒滿一壺水，
而是點亮一根蠟燭。

好老師的耐心、熱忱、啟發能力，
如何經由傳統考試鑑別出來？
當我們還在用舊標準挑選老師，
如何期待學生會有新希望？
不少有潛力、有熱忱的好老師，
永遠被擋在校門外。

二〇一三年，在偶然機會下，我收到一位傷心母親的來信；纏綿病榻中的她，為了十歲女兒受的苦，寫信給我，我在這裡原文刊錄：

嚴先生您好：

我是一個小人物，十歲小孩的媽媽，如此冒失提筆，向您致歉。看過您在報上的一些介紹，也知道您不同於一般人，我很感動。

我最近因感冒變氣喘，人在呼吸間急救數次，看您開刀不但獨自面對，而且曾與教育部長談……。我明白您的心中有愛，您也有愛每一個人的心，所以有此心量，不叫家人擔心，也希望學校建立教育方針。

我為唯一寶貝心疼、無助，才小學，就得七點出門，不用補習，功課已寫到九點多，而且，是在安親班全力以赴專心地寫，白天在學校寫，晚上在安親班寫。

前兩年更慘，導師很混（公務人員不好好教），我們只好求助補習！教改之後，我仍會的數學與現在寫的方式不同，即使答案相同也不可以！這是什麼教改？每個人在工作上遇上要用腦思考、解決問題的能力不同，怎麼能從小統一思考呢？

半夜人在呼吸間，我活回來想抱一下女兒，但她九點二十分才出安親班，能把不會弄懂什麼？一直寫，四小時，大人受得了嗎？我以前讀夜校，白天工讀，晚上上課都在釣魚，可是女兒十歲而已，天啊！這是什麼世界？

二〇一四年，孩子的導師不高興、不認同作業太多，在課堂上問同學們，女兒告訴我，沒人敢說真話！朋友的小孩也對這所學校失望至深，一年前早已轉到其他學校，功課多到父母代為操刀，這些總統府前的明星公立小學已是如此，私小我看更可怕……。

我不知如何是好！相信，如此國小往上到大學，所學一點也用不上！周遭的朋友們，都遇上大學畢業的小孩子沒工作，又得再面對公務人員考試，或學些專業，一直讀書、一直考試，多痛苦！這些事情花費父母的錢，換來什麼？

父母不停地賺、孩子不停地讀……，親子聚少離多，人們的心都更苦！
人死留名，虎死留皮，我只是小人物，無名小卒！
也許有一天，您登高一呼，為這塊大地的熱心之舉，我一定支持您。人生有太多叫人迷失，「錢」是一種，以前只有一種教科書，一個書廠的版本，孩子們可以一直沿用手足的課本，老師可以深入填補教材，而今書商有錢，苦了賺不停的父母、讀不完的學子，真叫人無奈。
在餐飲業工作的您，難得有如此真心以及對社會、教育的一份熱心，那份神聖使命的感覺，叫我肯定，也感受到不簡單。

祝　平安！

無名氏

讀完這封信，您是否和這位母親一樣，有種心痛、甚至心碎的感覺？其中一段「父母不停地賺、孩子不停地讀……，親子聚少離多，人們的心都更苦！」這些話，說出很多家庭心裡的痛。

我們觀察自己的孩子，發現很多小朋友進入學校前，在遊戲中自由探索天賦，展現了非凡的創意和活力四射的想像力，這些勇於冒險的純真之情，可以說是人類異於其他生物最可貴的特質。但進了學校之後，孩子的這些能力或特質便慢慢枯萎，臉上的笑意也日漸消散。

教育的第一現場發生了什麼事？

多年前，美國企業變革專家喬治・蘭德（George Land）和貝斯・賈曼博士（Beth Jarman）出版了《突破與超越：從今天就把握未來》（*Breakpoint and Beyond: Mastering the Future Today*）一書，書中針對一千六百位兒童的「擴散性思考力」（divergent thinking，意指非線性的邏輯思考，強調類比、自由聯想、彈性應變的原創思考能力）進行多年追蹤研究。

依照這本書的研究，發現其中九八％的孩童，在三到五歲時顯示較高的天才級擴散思考力，但五年後，也就是八到十歲時，卻只剩三二％的人仍保有同樣思考力，到了十四、十五歲更驟降至一〇％。尤其令人驚訝的是，以同樣方法測試二十萬名成年人，其中達到天才級擴散思考力的竟只有二％。

學校教的東西沒有用？

日本趨勢專家大前研一，雖然是名校麻省理工學院的博士，但他從小學就常逃學，對學校體制不屑一顧，他母親每天總在門口哭求他：「求求你上學去吧！」他不是因為貪玩或成績差而拒絕上學，他不想上學的理由竟是：「學校傻里傻氣」。

他到學校的目的只有兩件事：「考試」和「吹單簧管」，對於他喜愛的單簧管，他可以連續吹上七、八小時，直到嘴唇破裂流血為止，他甚至曾經一度希望，自己成為單簧管專業演奏家。

看了以上三種看法，我很想問：為什麼這位投書的母親會認為，「如此國小往上到大學，所學一點也用不上」？為什麼我們的孩子在學校愈來愈不快樂？為什麼大前研一認為在學校待得愈久就變得愈笨？

前面我們討論了家長的各種抉擇、觀念，都直接影響孩子教養，這一章，我想進一步探討「老師」的角色，因為老師是學生在學校的家長，而這些身居教育現場第一線的老師，究竟可以帶給孩子什麼樣的身教或示範？

學生和老師都被「標準答案」集體綁架

我認為，台灣的學生和老師都被「標準答案」集體綁架。這跟我們以考試領導教學的積弊有關，學生在學校這科也考、那科也考，老師最繁重的工作變成每天幫學生打分數、改考卷，不少中學老師常抱怨考卷永遠改不完。

有考試就有標準答案，有單一標準就很難鼓勵學生獨立思考、質疑問題。我不是指探索正確答案不

> 教育工作者若一味堅持標準答案，容易變得偏執，扼殺學生創意。

好，問題是，教育工作者一味堅持標準答案，本身就是一種偏執，難怪學校會系統性、全面性扼殺學生的創意。

考試當道，分數凌駕一切。老師認識、定義學生的方式，往往只靠一張張考卷，學生的個性、特長比不過冰冷的分數。老師忽略了比埋頭改考卷更重要的工作——**從考卷堆中抬起頭，好好觀察學生、協助孩子探索自我，從旁發掘他的天賦**。

> 老師更重要的工作，是從考卷堆中抬起頭，好好觀察學生、協助孩子探索自我，從旁發掘他的天賦。

我目前參與輔導幾位中輟生，發覺他們最大的問題，竟是連自己喜歡什麼都不知道，甚至不知道如何表達自己。以往從來沒有老師好好傾聽他們的心聲，問過他：「你想要做什麼？」或「你的看法如何？」

每年基測或學測過後，很多學校喜歡在校門口掛上公告，或在大紅布條上寫著：「本校××人考進國立大學」、「××人學測滿分」，這正反映出我們社會的價值觀，學校的虛榮心。

不少先進的教育大國，學生在期末拿到成績單時，不會只有一個冰冷的分數，而會有滿滿一篇老師的觀察與建議，讓學生知道下一步應該如何學習，以及自己的優、缺點何在。

我在這裡誠摯建議，老師不要急著幫學生打分數，更不應該對學生分數的差別推波助瀾，因為爭第一名只是永無止境的數字之爭。

持平而論，「唯分數是問」，不單是老師的錯，分數會受到絕對膜拜，是共錯結構造成的。如果老師及父母只用填鴨式教育教學，以考試分數評斷學生高下，有些學生便注定永遠是輸家，他哪裡還會愛上學、愛老師？他哪裡找得到成就感、歸屬感？

老師也被體制霸凌

這一陣子，校園霸凌成了眾所關注的焦點，但是我們忘了，不只學生受到霸凌威脅，現在連老師也愈來愈不快樂，成為體制霸凌的對象。

有一年，我到南部為一群國中老師演講，在問答交流時間，台下一位男老師問道：「我不曉得現在的學生跟家長都怎麼了，學生們『習慣』在畢業典禮當天把老師當仇人，呼朋引伴帶傢伙來找老師尋仇；而家長與老師『最有效』的溝通方式，竟然是帶著民意代表到學校，一手叉腰，一邊劈頭罵老師，我們只得如罰站般站在校長室裡聽訓。在這樣的環境，我最終只能選擇不做不錯、低頭自保。」

他愈講愈沮喪，後來，這位男老師甚至在大庭廣眾下哽咽、流淚。

當老師要以關說或賄賂謀職，校長必須到議會鞠躬罰站，教育者何來尊嚴

我們來看幾份數據。《親子天下》曾調查發現，三成老師認為自己的工作不被尊重，教職不再神聖；網路人力銀行調查也指出，曾有高達六九．一九%的老師，曾經動心起念想要轉行、不當老師。主要原因就是學生不受教，部分怪獸家長動不動就到學校去羞辱老師，或是民代常要校長去議會罰

站聽訓，萬萬得罪不起。

當身處教育現場第一線的老師，被擠壓到動輒得咎、臨深履薄的小媳婦地位時，談何教育理想？我認為，衡量一個社會進步與否，可以由老師是否受到尊重來評判。

凡是注重教育的國家，對於老師，特別是耕耘基層教育的老師，都有很深的期許、很高的要求，以及全然的尊重。相對地，這些老師對於自身使命，也有強烈自覺以及職業尊榮感。

有一次，我到某地參加全縣的校長會議，一位女校長舉手說：「總裁，您能否告訴我，我們要如何對付地方鎮民代表？連我們做校長的，也都非得和他們乾杯不可？如果不乾杯，他就用各種方法來對付你！」

在台灣，不只選拔老師的進場機制有問題，不適任老師的退場機制更可議。

過去校長算是地方仕紳、意見領袖，現在地位卻一落千丈，白天動不動被議會叫去罰站，晚上還要陪議員喝酒吃飯，這樣的場景實在令人心痛。

以前，家長會客客氣氣拜託老師好好教導自己的孩子，對「先生」十分敬重。然而，現在流浪教師比比皆是（這又是一個錯誤政策的惡果）。一職難求之下，新進老師擠破頭，走後門、靠關係，甚至得送禮或賄賂校長，才能找到工作。

試想，用這樣取巧方法謀得教職的老師，怎麼會尊敬自己的工作？又如何站在講台上教導學生誠實？如何贏得學生的尊敬？

不適任的校長、老師，沒有退場機制

當我們的教育喪失了理想、失去了核心價值時，老師進場的評選機制也跟著出問題。前面我批評學校教育「唯標準答案是問」，但諷刺的是，我們挑選老師的過程，竟也是考試。

試問，許多好老師必須有的特質，諸如耐心、熱忱、陪伴、啟發能力等等，如何經由傳統考試鑑別出來？當我們用分數挑選老師時，如何能期待學生有新希望？不少有潛力、有熱忱的好老師，一直被擋在校門外。

況且，評鑑未來師者的老師，本身可能並不適任；加上評鑑方式又沿用過去因循守舊的標準，我們的教育又怎能革新？那些心懷熱望、觀念先進的老師，又如何有機會進到校園？

不只選拔老師的進場機制有問題，不適任老師的退場機制更為可議。

台灣各級學校五千所，各級老師加總近三十萬人，但過去十多年來，被停聘、解聘、不續聘的教師，卻僅有數百名、不到千人。如果不適任的老師，沒有合理的淘汰機制，等於變相鼓勵已失去教育熱忱的老師，令有心作為者無法形成改革大氣候。

今天，就算校長有心想把學校變好，如果教育第一線的老師不認同，兩者核心價值不一致，就算校長理想再高，也沒有用。最讓人感嘆的是，不完善的政策，承受、買單的卻都是無辜的學子。

剛才，我稍稍列舉了我對教育的一些觀察，現

職業，只是謀生工具；志業，才是讓人足以燃燒熱情的所在。

在，我要回頭探問，當選拔老師與淘汰老師的政策都出現問題，年輕人為什麼還要選擇當老師？是想作育英才？還是只想坐捧鐵飯碗，找一份穩定、有保障的職業？

如果實習老師也是「啃國族」

在不安的生活裡，謀求安定保障，是人性本然。

二〇一〇年，台灣公務員報考人數創下歷史新高，靠一次考試就要國家養一輩子的「啃國族」大量出現，而在未來的教師或現在的教師群中，有多少人抱持的就是「啃國族」的心態？

同樣是二〇一〇年，台灣教師在一項國際評比上，好消息與壞消息並陳。我們的數學實習老師，其知識度在美國、德國等十五個評比國中，名列第一；但同樣這批老師，再次與其他國家相比，他們不想繼續教書的比率，居然也是名列前茅（不想繼續，並不代表不會繼續）。

實習老師知識能力最強，但也最不想教書。原因有二：一是對教育現況失望，二是他們可能也缺少教學最需要的熱忱。會不會有許多人一開始就抱著「求保障」的心態，否則教學熱情何以消退得如此迅速？知識能力是可以考出來的，熱忱與愛心卻是考不出來的。

找到足以燃燒熱情的天命

如此高反差的對比，加上「啃國族」的勢力逐漸擴大，真的讓我憂心，當老師的初心，是真心為學生？還是很會考試，一心為鐵飯碗？如果終身保障是教師求職的目的，我們如何期待他會寶貝他的學生？

太魯閣立霧溪上游，有一所成立快半世紀的森林小學——西寶國小，這是當年為開墾中橫的榮民及原住民所設立的學校，一度因人口外移瀕臨廢校，現在卻成為全國第一所官辦森林小學，也是太魯閣國家公園內唯一一所學校。我到那裡參觀時，除了學校的教育空間、無敵的自然美景、低廉的學費外，老師的教育熱忱尤其令我難忘。

西寶的孩子大多住校，這裡的老師也形同二十四小時上班。幾年之前，曾有一位政大畢業的代課老師，原本已經考取檢察官，但他放棄高薪，選擇留在西寶繼續當代課老師，陪伴學生；雖然他的家人非常不能諒解，差點鬧家庭革命，但他思索後發現，陪伴學生成長，才是他真正想從事的志業。

老師的抉擇

我想，所有的老師都應該試著問自己，如果今天另外有一份高薪、非教職的工作出現在你面前，你會如何抉擇？如果你擔任教職只是為了二十五年後可以享受所謂的終生保障，我幾乎可以保證：一、你會兩面落空，你將犧牲二十五年最精采的人生歲月；二、今後公教退休條件絕對會大幅下修，甚至步入希臘退休年金破產的後塵，屆時也領不到錢。

職業，只是謀生工具，但**志業**，**卻是讓人足以燃燒熱情的天命所在**。然而，沒有熱情的老師也請注意了，隨著少子化的嚴苛現實，想要保住老師的飯碗，恐怕也不是一件容易的事！

民國九十八年，小學畢業生人數還高達二十七萬一千餘人，但同一年台灣的新出生人口，竟一舉跌落到僅剩下十六萬六千餘人，新生兒快速減少，幾乎腰斬一半（近年新生兒雖有增長，但仍是過少）。數字背後也代表，不久的未來，甚至是幾年內，隨著小學不斷廢校，將有老師開始陸續失業！

從威權到啟發：當學生的伯樂，師生才會都快樂

不管你願不願意，這就是現實，淘汰老師的速度勢必遠比大家預期的快。但這是危機，卻也是轉機，教我們思考，一位稱職的老師必須具備的核心理念、價值及能耐為何？

已經辭世、被尊為創意教父的孫大偉，在學校的時候，老師給他的評語竟然是：「該生素質太差！」老師這麼早就對自己的學生做了如此宣判，所

幸孫大偉未為所動，為自己走出一條璀璨人生。

教育現場是學生受教的第一個場域，也是所有教育改革的起點。從過去到現在，許多老師的教學態度，傾向權威、武斷，學生一旦試著說出各種突發奇想，往往容易被視為是搗蛋，或挑戰老師的地位。久了之後，學生不再想要問問題，因為他連問問題的能力，都被連根拔除了。

如果不改變教學策略和教育方式，再多的教改方案，都不會成功。

幫學生找到天賦

在我看來，具備啟發式教學的理念和應用能力，才是老師的關鍵角色。

然而，什麼是「啟發式教育」？這當然是一門大學問，我僅是一個外行人，但所幸我不斷有機會聽到許多故事、認識多位好老師，並從他們力行的教學方法中，看到最棒的師生關係，以及新一代作育英才的積極方式。

在我認識的優秀教師群中，我發覺他們都很清楚一點：老師最重要的工作，是幫助學生挖掘、找到他們自身的天賦，看出每個學生的獨一無二，不是用填鴨式教育，教出一模一樣的「模範生」，「**教育不是裝滿一壺水，而是點亮每個孩子心中的蠟燭，讓他發光、發亮。**」——此文啟發自愛爾蘭詩人葉慈（William Bulter Yeats）的詩句。

例如：台灣的音樂大師李泰祥，早年練琴時，他的老師從李泰祥演奏的音符中聽出，他真正的天賦應該是去當作曲家，因為李泰祥在演奏時，總會加入自己的詮釋與想法，而非完全按譜演出。

感謝這位老師的慧眼與鼓勵，讓世界上多了一位成功的音樂大師，創作出膾炙人口的〈橄欖樹〉、〈一條日光大道〉等歌曲，而不是一名總愛亂改譜，最後可能失業、不得志的小提琴手。

發掘學生的獨特天賦，每個用心的老師，都可以做到。

我的一位朋友，當她的女兒在報考澳洲新南威爾斯州音樂中學時，她就發現，哇！這邊的評審制度，

如果不改變教學策略和教育方式，再多教改方案都不會成功。

教育不是裝滿一壺水，是點亮每個孩子心中的蠟燭，讓他發光發亮。

最重要的工作不是找演奏技巧最棒的學生，而是盡量找出具備不同音樂天賦的學生，讓他們一起學習。因為他們了解，一個社會所需的音樂人才，不只限於演奏家，還需要音樂老師、作曲家、配樂工作者、樂評家，甚至ＤＪ和音樂治療師等等。

因此，一年一度的選才過程中，演奏能力只是評選項目之一，其中還有一項是將報考學生分成十五到二十人的小組，由五位老師在現場安排各種音樂活動，並觀察學生反應。

例如：即興律動、聽鋼琴演奏一小段後唱出旋律、分組合唱等動態「測驗」，最後再綜合評比各項能力，找出不同音樂天賦的孩子。因此，有的學生可能只學了兩年小提琴，演奏成績不如其他高手，卻以聽力、節奏感等潛力脫穎而出。

相較澳洲選才標準的多元性，台灣的音樂班招生考試，演奏技巧（主修樂器）的成績占關鍵影響。

澳洲這套制度，背後的邏輯是：音樂教育絕不僅是栽培演奏明星（這是萬中選一的競爭），更是為社會培養不同天賦的音樂人才，甚至是音樂的教育推廣人才，因此，在這個學校中，沒有一個學生的天賦不被重視，或是會被捨棄。

今日台灣的教育，很像音樂班的縮影，太重視考試能力（如同音樂班主要挑選演奏能力好的學生），卻忘了發掘更多學生在其他領域的天賦。這也難怪許多學生在學校沒有成就感、歸屬感，逐漸跟學校對立、不愛念書。

好老師丟出好問題

傳統上，老師已經習慣自己在學生心中應該是無所不知、無所不曉。要老師說出：「我不知道」這三個字，其實很困難。但我認為，**只有老師願意承認自己也會有所不知時，才能啟動學生探索知識的鑰匙**。

我自己就曾經見證，一群清華大學學生在受到老師啟發、鼓勵找答案後老師願意承認自己也有所不知，才能啟動學生探索知識的鑰匙。

的變化。

過去，清大學生雖然在新竹念書，對當地卻沒有感情，只知道新竹有米粉跟貢丸。當時應邀到清大擔任通識課程教授的作家龍應台，發覺學生對居住的土地沒有感情，但她自認不是萬能，並不自己蒐集資料灌倒給學生，而是出題目給學生，請他們自己組隊，去研究調查新竹這個地方，有哪些吸引他們的故事。結果，其中一批學生透過深入調查，竟然找到了被歷史遺忘的冷戰時期英勇故事，也引發許多後續效應。

這幾位學生，一開始聽說新竹有個「寡婦村」，產生了好奇心；深入訪談後發現，寡婦村原來是一個空軍眷村，居住的飛官就是當年「黑蝙蝠中隊」成員。這些為國捐軀的飛官，配合美國中央情報局進行敵情偵蒐任務，駕駛飛機闖入中國大陸，甚至引誘大陸發射飛彈，以獲得更多電子情報參數，可以說是拿寶貴生命交換情資。

這群英勇的飛官，當時即便殉職都不能公祭，因此家屬連自己親人如何過世都不曉得，讓黑蝙蝠中隊成了被歷史遺忘的一群。一直到龍應台與這批學生重新調查，訪問老去的空戰英雄、飛官遺孀，才從這些人的口中與心中，記錄下許多珍貴史料。

把舞台留給學生

除了留下史料，最後，這群學生還舉辦一場「黑蝙蝠在新竹．向勇敢的人致敬」座談會，當時我也受邀前往，場面感人；飛官遺族、年邁的空軍英雄齊聚一堂，眾人回憶這段被淡忘的歷史，不少人的情緒終於獲得宣洩，為國家賭上性命的飛官英雄也終獲遲來的掌聲與肯定。

看著這些清大學生，從對自己求學的地方毫無感情，到變成找到國家英雄的推手，前後的變化，其實來自一位老師拋出的好問題，把講台變成學生的舞台，讓學生發揮。

一位真正的好老師，他真的不必什麼都最棒，也不用什麼都知道，但是他要能鼓勵學生、幫助學生找到最棒的解答，這才是真正的「解惑」！

從現實中發現問題，尋找活的解答

二〇〇八年中油和六家民營公司投資的國光石化科技公司，擬於彰化大城與芳苑之間設廠，引起各界關注，在學術界、醫界或藝文界，都掀起強大的反對聲浪。

類似事件在大約三十年前也曾經發生，美國杜邦公司計劃在鹿港設廠，萬人挺身反對，最終逼使杜邦撤資，這場運動成為台灣公民運動的範例，收錄在高中歷史課本中。三十年後，青年學子並沒有白讀這段歷史。

二〇一一年一月底，一位彰化中學學生投書報紙寫道：「高中生努力背誦生物多樣性的定義時，卻同時目睹身邊的生物受到汙染死去而無能為力，這將會是何等諷刺！」

投書隔天，彰中四百位高中生下課時間集體戴口罩，在體育館前靜坐抗議，反國光石化，同時還串聯其他學校兩千六百多位高中生聲援。這件事讓我很震撼，學生可以從鎮日讀書、考試的牢籠裡，抬起頭，關心自己的家園，同時用行動展現令人驚喜的特質。

投書更寫道：「我們看到政府及財團的所做所為，與不斷教育我們的觀念相違背時，我們不能沉默裝做沒看見。如果終日埋首書堆，一抬頭卻發現故鄉烏煙瘴氣、面目全非，那再多的知識又有何意義？」

我們看到，學校老師並沒有以「好好讀書，其他事不要管」的陳腐心態，要學生乖乖聽話，有的生物老師在課堂上提到石化業對生物的威脅，有的家長甚至提供口罩，也有老師加入這場由學生自主發起的運動。進步的老師、學校釋出空間，提供舞台，讓學生扎扎實實地，上了一堂畢生難忘的公民課（雖然個人對之後此事件被政治人物炒作成政治事件，深表遺憾）。

甚至，我看到幾年前的埃及動亂，抗議民眾

真正的好老師，不必什麼都最棒，也不用什麼都知道，但他要能鼓勵學生，幫學生找到最棒的解答。

要執政三十年的「法老王」總統穆巴拉克（Hosni Mubarak）下台，但示威事件也造成埃及國家博物館遭劫，除了珍貴文物被破壞，兩具木乃伊也遭到斷頭，所幸民眾組成人鍊，協助士兵保護國家文物。

生活中就有教材

每天上演的國際新聞事件，在具有啟發能力的老師眼中，都是活教材。例如：二〇一五年進入歐洲的難民人數，創下了新紀錄，歐洲面臨二次世界大戰以來最大的移民危機。特別是當三歲的敘利亞男孩小艾倫伏屍土耳其海岸，他純真的小臉埋入沙灘，任由愛琴海海浪拍打的畫面，出現在世人眼前時，更引起了全球性的巨大衝擊與關注。

當媒體大幅報導這些看似遠在天邊的國際事件，最好老師能趁機要學生從各種角度了解：為什麼會有這麼多來自敘利亞邊境的難民？排拒難民會不會抵觸「歐盟」精神？大量難民將會如何衝擊德國、英國等接收國的經濟與生活？和以基督教信仰與文化為主的西歐，與難民信奉的回教真主可能產生的衝擊與調適等問題。

當然，可能更根本的問題，是如何讓世界走向永遠的和平，沒有人必須逃離心愛的家園，成為難民。

給學生有血肉、有人性的知識

這些子題可以分組討論，例如：宗教組、文化組、政治組、財經組、社會組等，讓學生蒐集、消化資料，上台報告，與班上所有同學共同分享、共同探討。

這樣，學生便不需要死背、死記帝王將相的墓誌銘，也不需要紙上談兵，記首都、國界、運河，因為他們學到的是活的、立體的知識，這樣的歷史、地理課不僅可以與當下發生的事件對話，還能培養獨立思考的能力，這才會是一輩子受用的學習。**提供真正有血肉、有人性的知識，才是老師推動**

提供真正有血肉、有人性的知識，才是老師推動教育最終的本質。

教育最終的本質

此外，我不得不談一下，二〇一五年夏天「課綱」爭議的焦點——歷史教育，也引發我們高度的關心與反省。因為，歷史從來就不應該是「是非題」，也不應該是「選擇題」，比較接近的應該是「申論題」；前兩者都預設了某一類型的標準答案，而當歷史變成考試題目的時候，每一道命題似乎就勢必變成「非黑即白」的抉擇。

但歷史往往是由不同立場的人，不斷詮釋、思索、衍生新意義的動態過程；不同時代對前人的評價，有時差異甚大，因此，老師必須引導學生從不同立場、角度觀察歷史事件，同時尋求差異觀點的緣由，這正好是教導學生獨立思考與思辨能力的最好訓練。

就我所知，歐美中學的歷史教育多半採取「專題式」教學，在老師的引導下，學生分組，以不同角度、主題、史觀甚至互相矛盾的多元觀點，詮釋同一個歷史事件。

他們在課堂報告討論，學會完整陳述己見，嘗試說服別人，甚至因此而辯論，因為歷史是為活著的人書寫，學生可以在這個過程中，**建立他對某項歷史事件的觀點，藉以找到自己的、合適的時空座標、意義感及使命感，我想這才是學歷史的真諦**。

陪學生冒險

什麼叫做創意？表演工作坊創辦人賴聲川說：「創意，就是問問題的能力。」一個好的問題，往往不會有標準答案，但會有一段探索答案的過程。老師在這個解答過程中應該扮演的角色，是陪學生一起冒險，找尋如寶藏般珍貴的答案。

花蓮縣的北昌國小，是另一個例子。在前校長唐有毅的推動下，自二〇〇四年開始了一系列「麥哲倫計畫」，鼓勵小朋友在上學期間，跟老師討論、規劃自己的探索計畫，然後於寒、暑假時，進行人生的第一場大冒險。

結果小朋友自訂的冒險計畫，超乎大人的想像。例如：有的小朋友對玉器有莫名喜愛，因此他的冒險就是一個人從花蓮到台北故宮，一睹歷代玉器雕紋，於是這位小朋友跟家人、老師商量後，自己搭飛機（師長事先已請航空公司特別照顧）到台北，再由台北的親戚帶領他去故宮，進入夢寐以求的寶庫，遨遊在歷代的玉石裡。

會不會，他將來就是考古學家？或甚至是真實版的印第安那．瓊斯（Indiana Jones）？即使不會，這也一定是對他影響深遠的啟蒙教育，畢竟他從小學就開始「冒險」。

在行動中滿足小朋友的好奇心

也有的小朋友，對什麼是「制服」很好奇，所以他們的研究題目，就是訪問許多必須穿制服上班的職場工作者。在老師指導下，他們先打電話聯絡受訪者，再登門拜訪，甚至準備小禮物，最後一共拜訪了花蓮市消防局、吉安鄉派出所、空手道教練等十餘種職業人士。這幾位對服裝有興趣的小朋友，說不定未來的舞台就是服裝設計！

也有一位小女孩，小時候因為高燒導致雙眼全盲，但她的冒險計畫竟是要到淡水感受夕陽！最後在家長、老師一起動員之下，小女孩真的在淡水感受到夕陽的溫暖、海浪的聲音、海風的輕拂。**這樣的經驗，或許會為她的未來開啟一扇充滿想像的窗。**

活動舉辦至今，該校已經有數百位小朋友歷「險」歸來，而在新學期開始時，也舉辦了全校分享活動，讓小朋友輪流分享冒險故事，這裡的小朋友也因此很期待開學。

幫助學生建立對歷史事件的觀點，藉以找到自己的、合適的時空座標、意義感及使命感，才是學歷史的真諦。

至於為什麼要發動這個「麥哲倫計畫」，唐有毅是這麼說的：「世界變化太快，我們沒有辦法保證孩子即便在學校都拿一百分，畢業後的人生就一定一帆風順，但是我期許教會孩子們勇於築夢、勇於實踐！」

學生不是不願意學習，只是老師還沒找到激起學習慾望的方法。

直到二〇一三年為止，麥哲倫築夢計畫已實施長達九年，全校仍有共一百五十四支隊伍報名，九年來累計有七百六十八隊完成築夢。在當年的成果發表會中，學生們分組完成「擔任游泳教練」、「製作卡通動畫」、「學烏克麗麗」等夢想。其中，六年孝班的「小貓咪中途之家」計畫，勇奪全校第二名「銀獎」。

計畫中的一位學生說，流浪貓、狗被抓進收容中心，沒人認養就會安樂死，為了落實「以認養取代購買」的理念，他們成立「小貓咪中途之家」，不只排班輪流照顧流浪貓，親身體驗生命的平凡與尊貴，也在臉書成立「Q貓待養中」粉絲頁，貼上小貓咪的可愛照片，請同學轉貼，替牠們找新家。

這些孩子在找到問題與解決疑難之間，探索了自己的創意。

現任校長孫承偉強調，學生能從計畫中學習生命教育及品格教育，運用資源展現實踐能力，期許透過各項主題式的築夢計畫，協助學生擁有專業負責的態度，以正向力量回饋社會、幫助他人，賦予大家另一個希望種籽。

或許有的老師會說，即便我願意當伯樂、願意跟學生說：「老師也不知道，讓我們一起來探索吧！」但學生還是不理我啊？學生就是不受教，我又能如何？

不瞞大家，我也曾有這樣的挫折經驗，無法與年輕學生溝通，但進一步檢討後，我發覺問題出在我身上，頻率沒調對，導致學生「收訊太差」。

找到激起學習慾望的方法

蒙各界錯愛，常有機會獲邀演講，其中不乏高中邀約。坦白說，我之前曾婉拒前往各高中演講，總覺得高中生尚活潑好動，似乎無法專心聽完一場演講。有一回，我破例前往某高中演講，之前擔心的事也真的發生了。

演講過程中，有些學生的回應不如其他聽眾熱烈；演講到後半，也有學生開始在台下聊天，還要老師維持秩序，總之那天的演講效果並不是很好。

後來我開始檢討，真的是學生的問題嗎？還是演講方式出了差錯？畢竟之前的聽眾都是成人、職場工作者居多，而高中生還只是一群孩子。我開始思索：若下次還有機會，如何激起學生們的興趣？

不久後，嘉義女中的演講邀約來了。我當時決定把演講方式、內容做一些變化，想要印證，難道高中生真的無法好好聽演講？心裡有些忐忑，硬著頭皮，我還是上台了。

當時一上台，我就先跟學生說：「今天出門前，我一直在猶豫要穿牛仔褲，還是西裝？穿牛仔褲的話，很怕被妳們學校教官以『服裝不整』為由，擋在校門外……，但我回想自己年輕時，也不想聽一個穿正式西裝的老人家說很八股的演講……。」

開場到這邊，可以感覺到氣氛已經比上次要好一些，學生們已經對我有一點興趣，認為這個在台上演講的人可能不會太無趣。

接著，跟她們講一段前幾天早上發生的故事：「前幾天早上，我從香港搭飛機到大陸昆明，起了個大早，大概凌晨六、七點就在飛機上，準備補眠；與我同排座位的一位年輕男生，穿著酷酷的，把帽簷拉低想入眠。

「但前面有三個女生，整趟飛行都很開心地聊天，機艙裡全是她們的笑聲，我跟旁邊的男生都很受不了。結果飛機降落後，我一看，前面這些女生，原來是『知名年輕偶像歌手』……。」

當我一講出她們的名字時，台下的女學生全都「哇」了一聲，很羨慕。接著我又說：「後來下飛機，一出機門時，才看到一大群保安和官員，已在外面焦急地殷殷盼望，其中一位領頭的年輕人還大聲問我：『周杰倫出來了嗎？』原來，飛機上坐我旁邊的男生，就是周杰倫！」

台下女學生聽完我曾經坐在「周杰倫」旁邊後，更是大聲叫道：「哇！好好喔！」以此表示對我「肅然起敬」。

就這樣，我開始演講。有了這個簡短的「破冰」前言，放鬆了聽者與我之間的緊張，當然也拉近了彼此距離，那天的演講效果非常好，學生的專注力很夠，即使演講中談到了宏觀的問題，也得到非常正面的回應，完全改寫我對高中生的既定印象。

因此我更相信，學生不是不願意學習，只是老師還沒找到激起他們學習慾望的方法。

再大的夢想都能達成

做過台北亞都、台中永豐棧麗緻、台南大億麗緻三家飯店總經理的蘇國垚，現在在高雄餐旅大學任教，身為老師，他期許自己扮演「**啟發激勵**」、「**眼見為信**」及「**以身作則**」三種角色；他每到任何一個地方，不論是旅行或出差，都隨時隨地拍照，這些照片都是他課堂上的好教材。

不論是招牌的英文拼錯了、餐具的擺設弄反了、嚐到一道好料理、看到漂亮的果雕，正、反面的案例他都隨時用相機拍下來，將這些生活中的實例帶到課堂中，成為吸引學生注意力的工具與最真實的教材。

我甚至也懷疑，他總是喜歡把頭髮弄得酷酷的，在頭頂「抓」幾撮頭髮，是不是就是要讓學生認為，他是一位跟學生沒有年齡距離的老師？無論如何，他在高雄餐旅的課程，每每爆滿。

另外，他也擅長以身教來感動學生。例如：他發覺學生常眼高手低，只有坐而言，沒有起而行。於是他告訴學生，他很想從高雄騎腳踏車到台北，但一次騎不完，於是他分段進行，先從高雄騎到台南，改天再從台南騎到嘉義，下一次再到台中……，最後他真的騎到台北了！

他用行動讓學生知道，再大的夢想，只要分段去做，總有一天也能達成，但再小的夢想，如果你不行動，哪裡都到不了！

霸凌是因為缺乏自信

近來校園霸凌問題引發各界很多討論，有人提議恢復輔導教官的懲戒權、處分權，但這根本是走回頭路，若以暴制暴有效，乾脆派警察到學校駐守算了！你管得了這回，也管不了下回，壓得了這次，也壓不住下次。

但這不是今天才突然冒出的問題，霸凌起因於學生對自己沒有自信。

如果，我們的孩子在小學扎根教育時期，就懂得尊重別人、尊重兩性、天賦得到鼓勵，獲得肯定與自信，就不必用別人的痛苦證明自己。

尊重別人思考及表達意見的權利，他們獨有的天賦就會得到鼓勵，獲得肯定與自信，也就不需要用別人的痛苦來證明自己，更不必拉幫結派，以欺侮弱小同學為樂。

之前新竹地區有一所被外界貼上「流氓國中」標籤的學校，師生關係緊張，校園內也不乏暴力事件，讓許多家長急著幫孩子換學區。

但說也奇怪，自從新來的林主任（教務主任）開始帶著一票所謂的問題學生，前往附近的溪流進行戶外教學，一邊教地理知識、一邊教溯溪，之後校風就漸漸改變。

林主任把「問題學生」都教會溯溪後，便刻意把全校師生分成幾個梯次，陸續帶往溪邊教學，此時原本讓全校師生都害怕、頭痛的問題學生，竟躍身成為溯溪課的最佳助教。

在溯溪過程中，有許多必須手牽手、相互照顧的動作，而全校師生都驚訝：「這些流氓學生居然願意牽我的手，拉我一把！」因為這時候，所謂的問題學生已經不再是「麻煩製造者」，而成為更有能力的給與者。

問題學生是環境有問題，不是學生有問題

除了溯溪外，新竹這所學校還陸續推出攀登合歡山、騎腳踏車環島課程。在學生攻頂海拔三千公尺的合歡山前，老師每天都會帶著學生跑步訓練體力，學習登山知識，一點一滴累積實力，藉此讓這些學生知道，夢想再大，一步一步來，你都辦得到！

最後，一位攻頂的「問題學生」寫出了這樣的文章：「我們看了滿天星河，寒風中，日出像一枝七彩魔術筆，渲染沾滿星斗的夜空……。」

說也奇怪，溯溪、爬山攻頂，乍看跟課業、品行無關，但是這所學校的升學率竟同時扶搖直上，幾年工夫，學校甚至從流氓國中變成明星學校，許多來到新竹定居的科技新貴，都搶著讓子女念這所學校。

「所謂的『問題學生』，是環境讓他們有問題，不是他們本來就有問題！」林主任的教學策略，讓這些問題學生先找到自信，也讓他們願意重新拿起書本。而他的溯溪、環島課程，除了把學生體力過剩或體力不足的問題一次解決，也是讓學生心甘情願去讀書的關鍵。

學習跟孩子站在同一陣線

另外，我也看到許多在偏遠地區任教的老師或校長，當他們明顯感受到地方上教育資源不足時，他們不做怨天尤人的事情，而是積極尋求資源。

綜藝節目名製作人王偉忠說：「我年過四十後，論創意早就輸給年輕人，但我現在最值錢的是，我能判斷哪個創意會不會大紅大紫，或是該怎麼調整，才會一炮而紅。所以我的工作就是幫助新人的創意一鳴驚人！」

當老師跟孩子站在同一陣線，學習做學生的教練，或最好的啦啦隊時，就能真真實實去了解每一位學生。

身為老師，不必做分數的奴隸，要思考如何激起學生渴望知識、追求知識的慾望，幫助他們找到自己的興趣、天賦，才是身為老師最重要的使命！這種啟發式教育，才是足以打造未來人才的新教學策略和教育方式。

每每想到，將在未來世界擔任主角的年輕學子們，在學校被養成、被培育的方式，仍採用舊時代的思維與方法，總讓人不寒而慄！我很清楚，今天的教育問題不是一天造成的，當然要恢復原貌也不是一天可以做到的，絕對不單只是靠一個老師盡心盡力就可以改變，但我們總要開始。

延伸思考

每個人才智殊異，標準答案扼殺創意

我們前面探討，台灣的學生和老師都被「標準答案」集體綁架、扼殺創意，我們必須對學科至上、成績第一、凡事皆求標準答案的教育環境，有更多反省。

長久以來，傳統上對於智商的看法，一直受到很大的挑戰，如：美國哈佛大學教授、心理發展學家霍華德．嘉德納（Howard Gardner），經過多年研究，一九八三年出版《發現七種IQ》一書中，提出多元智能理論，直到今天仍深深影響教育界。

他認為，人類智能的八個範疇，分別是語文、邏輯、空間、肢體運作、音樂、人際、內省、自然探索等等，例如：建築師及雕塑家的空間智能比較強、運動員和芭蕾舞者的肢體運作智能出色、公關需要很好的人際智能、作家則需要很敏銳的內省智能。

發展多元智能的關鍵

每個人的智能組成光譜不同，任何人都可以透過自己的優勢智能，去學習其他面向的智能；而傳統上學校教育最重視的邏輯數學和語文（主要是讀和寫），只是人類智能的部分面向而已。

因此，教育最神聖的任務便是：尊重學習的個別化和多元化，尤其科技更讓個別和多元變得可能。

近年來，嘉德納更大聲疾呼，真正要發展多元智能，需要父母改變價值觀，也就是不要再用考試分數，去衡量孩子的聰明或是成就。

面對二十一世紀，他也提出，年輕人最重要的關鍵能力是：**解決重要問題**、**問出好問題**、**創造有趣的作品**，以及可以**和同儕相互合作**的能力。回到教育現場，他更希望，老師認真發掘學生是否真的可以解決重要的問題、勇於發問、創造出自己寄託熱情的產品，以及有無能力和團隊一起工作。

二〇一五年三月，七十一歲的嘉德納剛獲得二〇一五年布洛克國際教育大獎（Brock international prize in education），表彰其在國際上正面推動教育創新。對照他的觀點，即使升學管道比以前多元，但整個台灣教育制度似乎只為了成就少數考試頂尖的菁英，陪葬掉其他「不合規格」的孩子。可是，即便是合規格的「好學生」，也有創造力貧乏的問題。

創意沒有標準答案

頗令人意外的是，就連美國國際史丹佛研究中心（SRI）總裁兼執行長卡爾森（Curtis R. Carlson），二〇一〇年來台灣參加行政院科技顧問會議，接受訪問時也表示：「即使身處菁英薈萃的美西名校，不少一流學府花五到七年培養出的博士，最缺乏的卻是創新能力。」

他一針見血地指出，雖然現在號稱從知識經濟時代進入「創新經濟時代」，但大家其實做得都不好。不少在校成績頂尖的博士，在其專業領域卻沒有創新能力，也缺乏團隊合作、跨領域合作的習慣，甚至連簡報、寫作技巧、基本的管理能力都缺乏。

這位美國教授的反省，我們一點都不陌生，而且台灣的情形似乎更加嚴重，當我們看到很多台灣明星大學培育出的高級知識份子，歷經台灣「考試教育」一路過關斬將勝出的博士，進入產業之後，他們的思考模式早已受制於「一定要有標準答案」的緊箍咒。

偏偏，創新卻是沒有標準答案，也不是考試考得出來的。

台灣教育重視標準答案的考試，也是扼殺學生創意的幫兇。正如賴聲川所說，創意就是一種「問問題的能力」。然而，當所有科目都有標準答案時，學生如何想問題？又如何學會問問題？

於是，遇到沒有標準答案的情況，這些學富五車的博士便束手無策了；又或者，很多博士擔任教職後，為了順利升等，製造了一堆與產業界脫節的論文，完全無法解決產業界在研發產品上的問題。所以，台灣的產業精於代工，卻喪失最可貴的創意根源。

第3章

年輕朋友請走一條追尋天賦之路

只要有專注和熱情，
生命的火光終會帶領你，穿越人生的迷霧。

年輕人不能靠別人打前鋒，自己動都不動；
年輕人要有自己的主張、判斷，發掘自己的能力，
最重要的是，找到自己的初衷，
這樣才能激發自己無可救藥的熱忱！

讓我先說一個令我印象深刻的年輕人的故事吧！

他，在士林夜市旁長大，十六歲還是淡水商工餐飲科學生時，就在亞都飯店巴黎廳當學徒。如今，四十歲的江振誠（André Chiang），已是國際餐飲圈表現最出色的台灣人之一。

敢尋夢的人太少

二〇一〇年，江振誠所主掌的新加坡Jaan par André餐廳，名列知名「英國聖貝勒格利諾」全球五十大餐廳第三十九名。他身上傳奇無數，兩度被《時代》（*Time*）雜誌封為「印度洋最偉大的料理」，餐飲指南《Relais and Chateaux》將他列為「二〇〇六年全球最佳一百五十位主廚之一」，「探索頻道」（*Discovery*）更選他為「二〇〇六年亞洲十大最佳青年主廚」。

二〇一四年底，他終於回到台灣，在台北大直開設他的「RAW」，在餐飲界造成很大的轟動，許多人都說它是目前全台灣最難訂位的餐廳，也剛剛獲選二〇一五年英國「餐廳與酒吧設計獎」亞洲最佳餐廳。

江振誠從來沒念過大學，卻在競爭激烈的法式料理中，從台灣出發，一步步站上國際頂尖的法式料理舞台；他走過的路，充滿荊棘，卻是一條跟隨內心熱情的尋夢之旅。但，請恕我直言，台灣的「江振誠」真的太少了。

環顧周遭，我看到更多年輕朋友對未來感到迷惘，失去方向者比比皆是，我的痛心更甚。因此，我想對年輕人說一些重話：很多人即使讀到大學，拿到碩士、博士，也是白讀，因為並非自己的天賦所在、天命歸屬，因為他們並沒有找到自己真正的**潛力與熱情**，結果只在職場與生活得過且過，浪費生命。

沒有主見、受媒體影響的盲目年輕人

有一次，我受邀到某技職大學演講，這所大學由專科升格成大學時，放棄了一些本職學能很扎實的科系，例如：他們關掉機械科，校長說，因為年輕人要學會傾聽自己的內心，了解你真正喜愛的是什麼、哪些是真正可以施展的領域。

沒人想讀，年輕人覺得讀機械就是「黑手」，大家都崇拜高科技，要念應用電子、應用××科、應用××工程，這樣才顯得自己有「出脫」（台語，出息），家長介紹起來也才有面子。

但我認為，這是沒有方向、沒有主見的年輕人。其實，與那些名稱聽來很時髦、但所學不知為何的科系相比，「機械科」不管在什麼社會，永遠都會有需求，不管我們生活型態怎麼變，各行各業的專精技術工人，都絕對不過時。這種只看表象、不探索本質的心理，其實代表一大群深受媒體影響、盲從主流的年輕人。

我看到很多民意調查，問大學生最崇拜的企業家，結果毫不令人意外，全是台灣最會「賺錢」的企業家；而媒體報導最多、最頻繁登上雜誌封面的，也全是富豪名流或企業家。在這種單一價值觀的輿論環境下，我們的年輕人應該具備的獨立判斷、反思能力，幾乎都棄械投降了。

我們的年輕人很容易被媒體牽著走，但媒體常常只報導最表層的一面。

最終，年輕人離開學校，最嚮往加入的企業，不外乎是獎金最多、薪水最高、聽來最體面的大公司。但是，這些企業是否製造公害？是否剝削勞工？有沒有官商勾結？有沒有善盡社會責任？類似探索，鮮少有媒體報導。

觀察力淺薄，只看得見表象

我也看到，在我當亞都飯店總裁的那些年，有些年輕人因為讀了我的書，一心想到亞都實習，結果往往耐不住幾個月，就離開了。倒茶、端水、伺候客人，這些服務業最普通的工作，很多人的腰是彎不下來的；處在飯店的第一線，直接面對面接觸來自各方的客人，第一次挫折可以忍受，第二次挫折咬牙硬撐，到了第三次挫折，就提出「我不幹了！」在淺薄的觀察力下，不少年輕人看到的都是表象。

例如：只看到待遇跟環境是否「夠好」，卻看不到理想；看到旅館光鮮亮麗的一面，卻看不到服務別人背後的辛苦，當然也無法體會「顧客的飲食顧問」（當時我為亞都飯店第一線服務人員所下的定義：熱愛飲食藝術的專業人員），以不亢不卑的態度提供客人各項專業建議，所得到的成就感。

對現實漠不關心的迷失

最糟糕的是，有些年輕人，在各種因素交相影響下，成為吃定父母的啃老族。他們不升學、不就業、不進修，也無心參加就業輔導，每天賴在家裡成為「尼特族」（NEET）。其中，長期失業人口中竟然高達四分之一具有大學學歷。

這樣的年輕人令我憂心，他們只想藺居家中，拒絕社會化；身體成年了，心靈卻還停留在青少年階段，無法接受人生轉型的痛苦，更無法承擔責任。而且，依賴父母愈久，獨立的意志力就愈薄弱，不肯斷奶，甚至完全失去現實感，對自己的未來漠不關心。

根據主計處二〇一五年上半年公布的人力資源調查報告，青年失業率仍不見好轉；六月份的調查顯示，二十至二十四歲青年失業率高達一二・二七%，而二十五至二十九歲的失業率為六・五八%，兩者都呈上升走勢。

尤其值得注意的是，目前台灣的青年失業率，約占整體失業率的三到四倍左右，比起其他經濟合作發展組織（OECD）國家，還要惡化許多；而在高失業率、低薪化烏雲持續籠罩年輕人的情況下，各種勞動問題、社會問題，都在這個時代一併爆發。

兩頭俱空的人力問題

然而，弔詭的是，即使青年失業率居高不下，在另一項民間調查中，卻有近六成台灣雇主認為，面臨「徵才困難」。台灣雇主最急需網羅的前三大職缺，為業務代表、技術人員與工程師，與每個人生活息息相關的水電工、木工，目前市場上全面缺人，且現有的大多是四十歲以上的資深師傅，充分反映技職斷層的直接影響。

許多雇主都指出，徵才困難的主因在於「無合適人選或應徵者」。很明顯，問題走向兩極：「年輕人找不到想要的工作，產業界找不到願意投入的人才」，台灣面臨人力不足的問題，形成兩頭俱空的局面。

愛深責切，或許我提出很多台灣年輕人對自己未來沒有主見的批評，可能有人覺得過於嚴苛，然而最壞的時候也是最好的時候，我覺得年輕人最大的優勢，在於時間與機會站在你這邊，只是你具備怎樣的能力？

年輕人應具備五大能力

我特別關心年輕人，向來對他們有很深的期待。年輕人找不到人生方向，不僅是教育資源的浪費，也是青春資源的浪費。

十六歲的排灣族青年徐藍寶，來自台東金峰鄉壢坵部落，年紀輕輕便很有舞台魅力；他的彈奏技巧高超，充滿想像力的音色，在各大比賽中征服很多聽眾及評審。二〇一〇年，他通過德國弗萊堡音樂院（Hochschule Für

Musik Freiburg）鋼琴資優班考試，人生即將邁向下一個階段的學習之旅。

臨出國前，我特別安排藍寶與小提琴大師胡乃元在亞都見面，除了讓同樣有從小出國習樂經驗的乃元為藍寶做行前指導，我也告訴他，在世界的舞台競技，你要拿出自己最好的表現，不會有人在乎你來自哪裡、是不是原住民，你要跳開台灣的格局來接納世界。

但是，你最後仍不要忘了你來自何方，將你在國外學習到的，**反饋給你自己音樂的母源，找到自己文化的自信，成為一個與眾不同的人**。

二〇一一年八月，留德進修一年後，心念故鄉的徐藍寶回台，選在台東基督教醫院舉辦第一場返台鋼琴演奏會，在當地造成很大迴響。當時的他，剛獲得德國「青年音樂家」（Jugend Musiziert）鋼琴獨奏第一獎與評審特別獎，如今在異國繼續堅持他的音樂之夢。

> 工作能力不等於生活能力，更不是每個人都要爭第一名，而是要在心中建立明晰的價值觀。

這是一位極有希望、因為找到自己天賦而發光發熱的青年。但我也看過，有些讀到大學的年輕人稚氣未脫——大家也都聽聞過，有大學生上課吃東西、玩手機、趴著睡覺，或乾脆翹課，平白浪費自己的時間及學校資源。

過去在各種場合演講，我不斷強調：年輕人要懂得傾聽自己，清楚自己的天賦何在；也要學會觀察，下精準判斷；面對世俗潮流，要有勇氣提出主見；更重要的是勇於嘗試，甚至挑戰自己的極限，為生命創下更大格局。對我來說，這是任何時代、任何地方的年輕人，都必須具備的五大基礎能力。

能力一：「傾聽」自己的內心

先說「傾聽」，這是與自己深刻對話，了解自己的能力，特別是年輕人必須能夠分辨「興趣」和「能力」之間的不同。

也許有人覺得，興趣就是他的能力及優勢，這其實是一種誤解。你可能熱愛音樂，卻缺乏成為音樂家的精湛技巧，因為音樂涉及音感、聽力及基本節拍觀念等，甚至創作的天分，也需要後天的學習苦練。

再譬如美術，你必須對顏色、形狀、布局很敏銳，否則做不了好的畫家；又或是如果你想當外科醫生，除了醫學知識訓練外，還必須具備靈巧的雙手，外科醫生的雙手必須能在開刀的關鍵時刻，靈巧地在人體內部操作複雜的器械；更別提，廚師要有出色的味覺、嗅覺，甚至藝術涵養等。

即使是音樂，也有很多不同條件。

例如：演奏的人，除了技巧天賦，還要有嚴格的紀律，每天重複再重複，周而復始，才能臻於極致；如果你有過人的鑑賞能力，你可能是樂評家；你有強大的執行力，你可能是音樂行政的第一把人才；如果你有音樂技巧，又有浪漫的創意情懷，你或許可以變成作曲家；當然，如果你以上都不是，也可以是跟我一樣的欣賞者。

總之，這些全都必須靠自己對自己的深刻了解，才能做出抉擇。

如果你有興趣，又有能力，兩項優勢相輔相成，也許可以達到最適天賦的最佳結果。但在這

> 如果學校經不起考驗，不具備競爭力，或不適合你，你能不能拿出勇氣，走一條可以實踐夢想的路？

之前，你要學會傾聽你的內心，到底你真正喜愛的是什麼？哪方面是你真正可以施展、發揮的領域？

能力二：「判斷」未來的價值

現在社會充斥各種看似酷炫的流行，很容易讓年輕人迷失。好比在很多職業學校，「調酒」變成很熱門的選課，年輕人大都覺得，花式調酒可以將酒瓶往上甩，把手伸到背後接瓶子，非常酷帥，幻想著「調酒師」未來應該也是搶手工作。

但如果有位年輕小伙子帶著這項技藝到職場，我想除了幾個以酷為號召的PUB外，在真正的餐飲行業中，可能一點用處都沒有。因為如果他只學會A瓶酒加幾盎司、B瓶酒加幾滴之類的小伎倆，一直停留在「求其技，沒有深思其藝」的層次，可能連真正的品酒能力都付之闕如。

從現實面來說，當飲食進入另一個境界時，當前最新的比賽趨勢，或是目前餐飲技職學校炫技式的「花式調酒」，早已在國際專業市場式微。學校教的調酒，充其量只是非常初級的大眾化飲料學程，技術也非常原始，至於把瓶子在空中拋起，只能算是特技表演。或許，他更適合當特技演員。

能力三：拿出「主見」找到「真愛」

現在，國際品酒教學的基本條件，是舌頭能分辨千百種味覺層次，味蕾具有精準品味的能力，以及培養對於所有酒類產區、製作流程有深入了解的「侍酒師」（sommelier）。法國的侍酒師屬於國家級考試，日本也有「日本侍酒師協會」，是一門值得傾注精神鑽研的領域。

再拿廚師傳統的盤飾來說，「刻花」的確是門大學問，但在食材上刻花、雕龍，用相對軟度材質的蔬果做各種造型，這些對三義的木雕師傅來說，簡直是雕蟲小技；而一個廚師，如果苦練後，能將一個蘿蔔雕成一尾生動的

台灣年輕人彷彿缺席在探索世界的旅程中。

龍，卻無法讓人品嚐一道真正美味的好菜，實在是本末倒置。

好廚師要對食材特性、口感充分掌握，對烹調技巧十分純熟、對顧客期待也完全了解，甚至最好有美學涵養，刻花、雕龍只是妝點性質的技術。

因此，年輕人要有能力判斷哪些能力是真金不怕火煉，能夠保證你的未來，不怕被潮流起落淘汰；也要了解，**工作能力不等於生活能力，更不是每個人都要爭第一名，而是要在心中建立一套明晰的價值觀**。

現在的年輕人，表面上看似很多選擇，但碰到像人生志向、選擇念什麼科系、如何規劃人生這類「關鍵選擇」時，其實茫然失措、隨波逐流的多，胸有定見、勇往直前的少，為什麼？

原因之一，是過去從父母、學校到教育體制，甚至整個社會環境，疏於培養孩子自主的空間，也很少鼓勵他們勇敢探索、思考和選擇，以及為自己負責的機會，造成孩子成長後，很難找到自己的「真愛」。

對比國外的年輕人，念完高中、滿十八歲後，等於宣告制式學習結束。很多歐美大學生申請大學時，刻意選讀遠離家鄉、甚至不同國家的大學，目的就是拓展視野。很少人像台灣大學生，一直念到大學或研究所，都待在同一個地方，直到臨畢業了，才開始思考未來的生涯。放在國際的水準看，這樣已經慢人家太多了。

長久以來，台灣整個教育系統，把「休學」看成非常嚴重的事，通常是生病、遭逢家庭重大事故等，學生才會休學。很少學生像微軟創辦人比爾‧蓋茲（Bill Gates），哈佛大學念到一半，二十歲就休學，和他的夥伴躲在車庫不眠不休撰寫程式。

雖然，哈佛幾乎已是每位莘莘學子心目中的真理聖殿（剛好哈佛的校訓就是「真理」，拉丁文VERITAS），但他就是覺得學校已經不足以教他了，才有勇氣說：「夠了，我要先停下來，創造屬於自己的未來。」這便是有主見跟沒主見的差異。

有主見的年輕人，如果認為學校教的不是他要的，對不起，他寧願花時間去了解自己到底要什麼。

蘋果電腦創辦人賈伯斯（Steve Jobs），耗盡他藍

國際觀是種心態，不僅要能接觸國際資訊，還要能與世界連貫。

年輕人要走出舒適圈，經過多元試誤碰撞，才會更了解如何選擇自己的未來。

領養父母的畢生積蓄，進了一所昂貴的大學，半年後，他看不出念這所大學的價值到底在哪裡，便決定休學，他想搞清楚自己到底想要學什麼、亮麗的青春又可以做什麼。

休學三十七年之後，賈伯斯成為蘋果公司董事長兼首席執行長，同時也曾是皮克斯動畫公司（Pixar Animation Studios）的董事長及執行長。這些成就的起點，說來諷刺，就是他當年休學的決定。二〇〇五年，他受邀到史丹佛大學畢業典禮演講時，他說：「休學是我這輩子下過最好的決定之一。」

休學後，他睡在朋友家的地板，靠回收可樂瓶罐填飽肚子，甚至走好幾里路到神廟吃頓免費大餐；支撐他活下去的，是一門旁聽的英文書法課程「Calligraphy Institution」，他為這些字體的美，深深著迷。

奇妙的是，十年後，他設計了第一台麥金塔電腦，把這些美麗的字體放進麥金塔，成為第一台能印出漂亮字體的電腦，也慢慢成就他的蘋果霸業。

我要強調，我絕不是鼓勵大家休學，而是學校本身不是青年庇護中心，如果學校經不起考驗，不具備競爭力，或不適合你，你能不能拿出主見，選一條可以完全實踐自己夢想的道路？

能力四：「實踐」與「學習」

七〇年代初期，我因為工作關係，開始頻繁出入歐洲，我看過一大堆歐美的學生，用非常低廉的五塊美元過一天，到歐洲自助旅遊；我也曾看過，許多年輕學生，在歐洲各大美術館裡，或靜坐幾小時畫素描，或對各項展覽記錄心得。就像呼吸有深有淺，這些年輕人從傳統的教室走出來，拋開書本，展開他們自發性的「深學習」。

八〇年代，我看到經濟成長後的許多日本青年，做同樣的事情，甚至到了九〇年代，我看到很多韓國、新加坡青年學生走同樣的路。

綜合過去幾年在世界各地的觀察，我發現，每個國家到了一定階段，都有求知若渴的年輕人，背包一背，帶著滿腹的好奇心，走上探索世界（自己）之路。可是，同樣在經濟成長的過程中，在旅遊的路上，我卻很少看到台灣青年。台灣年輕人彷彿缺席在這場探索世界的旅程中。

當然，在交通旅遊這麼便捷的今天，台灣也有不少年輕人出國體驗人生，有人休學旅遊，有人到各國民宿體驗生活，甚至這幾年還流行打工渡假（working holiday），去紐西蘭摘奇異果、剪羊毛，這些磨練也許讓語言流利一些、生活能力更強，但這種打工渡假，跟之前我在巴黎、倫敦、慕尼黑的美術館、博物館，看到年輕人大規模深入學習，是有差別的。

願意背著背包到世界各地「**深學習**」的台灣年輕人，可說是屈指可數，那種挑戰極限的野心太弱了。

有位餐飲業界友人告訴我，目前歐洲的法國餐廳或精緻的麵包店，其實有很多兼具實力和企圖心的日本二廚，在背後效力，他因此半開玩笑說：「他們人數之多，如果日本師傅一起罷工，將可能造成歐洲一半餐廳開不出來，或無法營業。」而台灣，除了多年前名揚中東杜拜飯店的劉一帆、在新加坡發光的江振誠等少有的特例之外，大部分台灣年輕人走不出國門。

當然，台灣年輕朋友畫地自限的最主要原因，來自政府的徵兵制度，但男生兵役的障礙固然是個限制，最後卻也成為藉口。這種徵兵制度已實施超過半個世紀，讓台灣男性在當兵前沒有離開家人、長久獨立生活的經驗，使得他們的成年禮不斷延後，最後才在軍隊「被迫」完成。

可惜的是，往往兵役一結束，立刻面臨就業壓力，「壯遊」也變成少數人才可以享受的學習經驗。而且，男生有兵役的限制，女生更是受到家裡嚴密保護，如果女兒竟然大膽決定當背包客，勇闖天涯，大多數父母一聽，反應大概不脫：「那多危險，不准去！」

能力五：對世界「好奇」

法律及父母是外在的限制，但如果台灣年輕人真對世界有求知慾、有好奇心，還是會想辦法克服困難出國。我認為，最關鍵的問題在於：台灣年輕人對世界沒有好奇心。

沒有好奇心的原因，出在我們的學校及社會教育，非常缺乏「世界公民」的觀念，也就是對整個世界現勢概不關心。從遠的政治面說起，一九七一年，中美斷交，台灣失去聯合國席位後，長達四十多年的孤立與被排斥，使得多數台灣人民對國際社會感到嚴重的疏離。

> 任何天賦都需要回到對紀律的堅持。

照理說，有視野的政府，在國際政治處處碰壁、走不出去時，更要積極運用不同管道接觸世界、了解世界，尤其重要的是，讓青年學習與世界同步。但台灣正好相反，我們整個教育系統對於國民世界觀的養成付之闕如，當然，也無法教導出對自己以外世界產生好奇心的年輕人。

國際觀是種心態，不僅要有能力接觸國際資訊，還要能與世界連貫，才不會只用狹窄心態看問題。

曾有學生寫信邀我去演講，說他們是偏遠地區的大學，從來得不到名人青睞，我去了，告訴他們：「我真的要來罵你們，我無法想像，才跟台北差幾百公里，你們就自認是偏遠地區！」如果對世界沒有好奇心，即使住在台北市中心，都是在世界的偏遠地區。

反觀美國，很多孩子在十八歲就被踢出家門，自己獨立料理生活、打工讀書；在英國，也有「Gap Year」的傳統，政策性鼓勵年輕人不要待在學校，去國外闖一闖，在海外學習或擔任志工一整年。在德國，十五歲的職校中學生，暑假要自己寫履歷，學習應徵工作，並由雇主來打分數；到了高二，更有大量高中生飛到美國及其他國家做交換學生。

我有一位曾長居德國的朋友，他的小孩便告訴我：「我們班上大半同學，高二時都曾在學校政策配合下，出國當交換學生。」德國的學校和社會提供年輕人很充裕的管道，**走出自己的舒適圈，因為跳到別人的環境，經過多元的試誤碰撞，最終才會更了解自己的選擇**。

想想，假使台灣也有許多高二學生曾到美國、歐洲等地，待一整年再回來，對他的英語能力及對世界的了解、認知，會有多大幫助！不管他日後是否出國留學，還是對未來學習做出更正確的選擇，絕對都是重要參考。

金魚缸裡養不出鯨魚，所以我要對年輕人說一句重話：如果你沒有自信、沒有希望、不想離開自己的舒適圈，只要待在游泳池裡划船，而不願挑戰大海冒險，你等於在二十幾歲就斷送自己的未來了。

光有天賦還不夠，更要有嚴格的紀律

賈伯斯曾經說過：「生命短暫，不要浪費時間活在別人的陰影裡；不要被教條所惑，盲從教條等於活在別人的思考中；不要讓他人的噪音，壓過自己的心聲。最重要的，要有勇氣跟著自己的內心與直覺。求知若渴，虛心若愚。」

年輕人要清楚自己的志向，不讓他人的噪音壓過自己的心聲，往往是一條曲折離奇的路。人人天賦各異，要找到每個人「最優」的才智，是必須經過一段試誤（trial and error）的艱辛過程。

英國著名教育改革家肯・羅賓森（Ken Robinson），曾提到一種「歸屬於天命」的狀態。

他是這麼說的：「歸屬於天命，有跡可循，最明顯的就是自由與踏實的感受。當你從事自己熱愛又擅長的工作，才可能覺得活出了真實的自我，成為你理想中的自己。你覺得自己做著天生該做的事，也成為你天生該成為的人，這就是歸屬於天命的狀態。」換句話說，也就是以「最優」的方式，運用你與別人不同的特殊才智，達到天賦自由。

但我們常常提到「讓天賦自由」，我很擔心這會造成一種誤解，以為找到「天賦」就自由了，可以放羊吃草、閒散度日。

天賦，不是偷懶的藉口，沒有一個天才可以光靠天賦扶搖直上，甚至其實正好相反，天賦是由一種不得不然的熱情所驅動，你熱愛一件事，熱愛到足以打死不退，全身有一股強烈飢渴往前追尋的力量。因此，**我必須強調，任何天賦都需要回到「紀律」的堅持上**。

沒有紀律，就沒有永恆。

著名舞蹈改革家瑪莎．葛蘭姆（Martha Graham）就說：「一個人真正開始跳舞之前，要花十年時間學習基本功；真正的創意，其實需要技巧、紀律和訓練，天賦才能也是如此。唯有不斷訓練，才能達到最佳狀態。」

曾經拿過七次大滿貫賽冠軍的美國網球女將維納斯．威廉斯（Venus Williams），四度參加奧林匹克運動會，在單打、雙打總共擒獲四面金牌，同時是女子網壇中發球球速最快的選手（紀錄保持者），她對自己有高度自律與榮譽的要求，在一次訪問中，她對年輕人說：「再也沒有任何事情，比得上鞭策自己在身體上、心智上和情感上，追求更高的突破目標來得有意義。」

走一條人跡罕至的道路

天賦需要鞭策，需要有意識、有方向的操練，以追求更高的突破目標。

有時候，我得說，這種心理狀態跟生理年齡沒有必然關係，而跟你如何定義自己的生命有關。

我很欣賞麥克阿瑟（Douglas MacArthur）的看法：「當你有信念時就年輕，當你有疑慮時就老了；當你有自信時就年輕，當你恐懼時就老了；當你有希望時就年輕，當你絕望時就老了。

「在每個人心中，都有一個錄音房，只要它收到的是美麗、希望、喜悅和勇氣的訊息，你就是年輕的；而當你的心中只是布滿悲觀與憤世嫉俗的冰雪，那麼你就將老去。而這時，就如同歌謠一般，你正漸漸消逝。」

美國名詩人佛洛斯特（Robert Lee Frost），有一首常被引用的名詩〈未曾踏足之路〉（The Road Not Taken），講的是關於生命的「抉擇」，或許正是勉勵年輕人未來的一首詩，它的最後幾句是這樣寫的：

Two roads diverged in a wood, and I—
I took the one less traveled by,
And that has made all the difference

樹林裡岔出兩條路，而我——

我選擇了人跡罕至的那條，
也造就我截然不同的人生。

我想把這些詩句，送給我們的年輕人。

談到教育問題，我必須指出，最關鍵的還是在年輕人。過去那種考上好大學，就能進入大公司或公家機關工作，從此過安心穩定生活的時代，早已經結束了。年輕人不能靠別人打前鋒，自己動都不動；**年輕人要有自己的主張、自己的判斷，發掘自己的能力，最重要的是，找到自己的初衷，這樣才能激發自己無可救藥的熱忱**。

當你走上他人無可取代的道路，那種追尋自己的強大飢餓感，將是你最好的老師。只要有專注和熱情，生命的火光終會帶領你，穿越人生迷霧。

延伸思考

江振誠的故事

只有專注和熱情，才能讓生命火光帶領你穿越迷霧

十六歲的江振誠，當時還只是淡水商工餐飲科學生，曾在亞都飯店巴黎廳當學徒，但不出四年，也就是他二十歲那年，他便破紀錄成為西華飯店法國餐廳主廚。之後，一句法文都不會的他，隻身到法國闖天下，進入米其林三星主廚Jacques & Laurent Pourcel餐廳，一天工作近二十小時。

用拚命和狂熱擦亮自己的名字

拚命和狂熱，讓法文名字André的江振誠，三十歲不到就晉升為餐廳當家主廚，管理三十五個法國廚師。一個年輕的東方人，居然可以領導向來以美食自

豪、連英文都不屑出口的法國人，他的實力自不在話下。

很快地，André便成為皮耶·加尼葉（Pierre Gagnaire）、羅斯格羅斯（Michel Troisgros）以及帕斯卡·巴博（Pascal Barbot）等米其林三星傳奇大廚的得力助手。之後，他被派到東京、曼谷、新加坡、上海，為老闆羅朗·普塞爾（Laurent Pourcel）開疆闢土，建立新據點，同時成就了「外灘十八號」傳奇。

成為自己領域中的靈魂

二〇〇八年，江振誠受邀接掌新加坡地標飯店——瑞士史丹福飯店位於七十層樓高的法國餐廳，同時以自己的名字為餐廳命名「JAAN par André」。

二〇〇九年，新加坡慶祝四十四年國慶，André被譽為「造訪新加坡的四十四個理由」之一，同時他還被東南亞最大、最具威信的《海峽時報》評選為當年度「新加坡十大最具影響力人物」（Top10 most influential people of Singapore）。二〇一〇年，他在上海世界博覽會為法國館代言。

Chef André，比法國人更懂法國菜。身高近一九〇公分的André，一頭短髮，配上他英挺的廚師服，一身白，有著令人難忘的炯炯目光，當他邁著沉默的步履，行走長廊，看來竟有幾分寺院僧侶的丰姿，他對藝術是有信仰的。

才一轉身，他走進以碼錶計時的廚房裡，便操起流利的英文、法文，行雲流水般指揮這個小小的王國，他是這群白衣人中最重要的靈魂，每道菜經過他的巧手，都注入截然不同的風格。

他往往弓著背，用鑷子細膩擺盤，精巧陳列；僅一個用餐時段，他得經手四百道以上的料理，堅持，完美，每一道菜就是一件藝術品。

以專注和熱情灌溉

即使現在已身為餐廳老闆，André仍一天工作十二小時以上。他說：「我發現新世代有一個很大的問題，他們會希望自己做很多事情，但當你想做很多事情時，你就分心了；你那盞燈的光，就弱了、霧了。一個東西練習三十分鐘，跟你練習八個小時，當然會很不一樣。只有專注和熱情，才能讓生命火光帶領你穿越迷霧。」

如今，江振誠在新加坡已經擁有以自己為名的餐廳Restaurant André。這家隱身於街巷的餐廳，已經連續三年被評選為世界五十大餐廳，更是《紐約時報》力薦「世界上最值得搭飛機來品嚐的十大餐廳」之一。

堅持，比片刻的熱情更重要

過去兩年，隨著他的自傳《初心》出版暢銷，關於「江振誠的傳奇」已經廣為人知，甚至成為年輕人學習的典範。

近來他的台北餐廳也開幕了，與家鄉有了更頻繁的接觸；二〇一五年八月，他接受《天下》雜誌訪問，提到Restaurant André開幕到現在，廚房裡有過的員工，最多的是台灣人，「但現在我們的廚房裡，沒有台灣人。」

原因何在？據他觀察：首先，反應速度不夠快，不具有馬上消化、反芻、做決定的能力，「台灣的年輕一代通常都是在等指令，或許可以照本宣科做得很好，但這不是我要的，」他說。

其次，缺乏忍受磨練的耐心。新來的員工在整整兩個月期間，可能只磨一件事——擦盤子；甚或一道醬汁重複調製十次、百次、甚至上千次。沒有耐心，便無法支撐下去。

此外，他的餐廳全部才十八位員工，就分別來自十四個不同的國家，包括：巴西、捷克、德國、西班牙、法國、菲律賓、韓國等。在這麼國際的團隊，一個從小來自封閉台灣的年輕人，要如何融入？如何與不同文化背景的人溝通？在在都是挑戰。

歸結來說，反應、耐性不夠，又缺乏國際觀與溝通能力，即便因為明星光環、偶像崇拜，或因一時的感動來到餐廳，這樣的熱情也很快就燒完了。

因此，江振誠問道：「熱情燒完之後還剩下什麼？你對一件事情堅持，它不是熱情，而可能是一個信念、一個執著，是對你生命來說很重要的一件事情。**熱情燒完之後剩下什麼，那才是精髓，才是你會不會走下去的重點。**」

第 4 章

只有創意和實力，才能面對高學歷通膨時代

教育應該是讓學生關懷自己以外的人事物，
激發對社會、對世界的熱忱。

台灣的大學密度居世界之冠，
但國際接軌不足，又孤芳自賞，不扎根地方。
民國一百年底，
台灣的碩、博士衝破百萬，
然而，這個數字值得我們驕傲，還是憂慮？

我年輕的時候，有個至今不忘的真實新聞。

幾十年前，有個父親拿出一切積蓄，想方設法將兒子送到美國留學，這孩子沒有拿到獎學金，只好努力打工，結果打工太多、太累，耽誤了學業，被學校退學。但孝順的他，細心編織各種謊言，一直將爸爸蒙在鼓裡。

四年後，望子成龍的爸爸，萬分欣喜地來信要赴美參加他的畢業典禮，享受做父親的榮耀，可是萬萬沒想到，這個留學生在父親抵美的前一天，跳樓自殺了。

太過相似的悲劇

在那個年代，青年人出國留學，他的雙肩壓著全家人脫貧的希望，在他自覺人生走到谷底，會讓父母與家族蒙羞的絕望心情下，用如此極端的方法，劃下悲劇性的句點。

大約在上述悲劇發生的五十年後，二〇一〇年的最後一天，本來應該是高中生開開心心慶祝跨年的日子，建國中學發生了創校一百一十二年以來，第一起在校園內自殺的悲劇。一個高二學生疑因課業壓力過大，從三樓縱身一躍，讓父母慟斷肝腸。

這兩則新聞，令我不禁感嘆，長達近半個世紀的時間跨距，年輕人的悲劇竟然如此相似。

解不開的死結

據報導，這位輕生的孩子，國中成績優異頂尖，安靜好閱讀，也是建中樂旗隊吹奏低音號的學生，之前還隨隊遠征德國波茨坦，奪下世界樂旗隊大賽冠軍。怎麼看，都是有潛力、有才華的好學生模樣。看來可能是他的家人、朋友或自己，給予過大的壓力，要他「好還要更好」。

吹奏軍樂的悠揚自信，顯然難以抵擋功課不順的挫敗。這種「菁英死結」，至今都解不開，令人悲哀。

作家王文華也在一篇文章問過同樣的問題：「我有四位建中同學，畢業後二十年內都自殺了，他們當年都是明星學生，如今卻是社會版的一條新聞。為什麼？」

菁英人才的定義太過單一

教育培養的是人才，但在台灣，「人才」被賦予一個更為神聖的稱呼：棟梁之才。每個學生，從小被教導要做模範生，長大之後要能成為「為天地立心、為生民立命、為往聖繼絕學、為萬世開太平」的「棟梁」。

這種人人擔當棟梁之任的傳統思想，成為台灣教育深層的潛意識，像文法支配語言一樣，長期支配著台灣的家長、老師及學生的價值觀。

「菁英」最簡單的定義，便是很會考試，一路考進名校，再進知名公司上班。這種「一定要比別人更好」的意識型態，也成為討論教育時，不得不挑出來討論的盲點。

若把時間縱軸拉深一點、遠一點，從過去的歷史軌跡挖掘，會發現早年不同世代的「棟梁」，皆具有一項顯著指標：拿獎學金，出國留學拿博士。

按照我的觀察，台灣年輕人出國留學的「棟梁之路」，可概分為四個階段：第一個時期，是五、六〇年代的「留學落籍不歸」；七、八〇年代，則是「留學落籍漸歸來」；第三個階段是九〇年代，大量留學生拿到學位後回台工作；最後階段則是公元兩千年以後，出國留學人數銳減，許多人直接在台灣念完碩、博士，造成台灣高等教育「近親繁殖」的現象。

留學落籍不歸的五、六〇年代

五、六〇年代，不會讀書或家境清貧的孩子，往往被送去當學徒，學一技之長；書念得好的年輕人，則「來來來，來台大；去去去，去美國」。

因為當時台灣仍在一個動盪不安的環境，家長費盡千辛萬苦把小孩送往國外（而且主要是美國），其實是把整個家庭的未來希望寄託在孩子身上，教育的本質應該是靈活彈性、因地制宜，更要納入對當地有益的教育內涵。

期待孩子拿到學位，求得一份好工作，幫助家裡脫離貧窮。

一九五九年，台灣大學生畢業的起薪約為二十五美元，一張飛往美國的單程機票，是六百美元，僅一張機票就是天價！

在當時，教育是稀有資源，是脫貧向上的唯一管道，讀書成為一種前進的動力。

這些學子，在異國飽嘗艱辛，幾無例外，都要靠洗碗打工才能生存，當時描寫留學生辛酸，甚至夢碎異國的「留學生文學」蔚為風潮，當然也有不少悲劇發生。

但在這麼險惡的環境，這批台灣培育出的菁英，一旦站穩腳步，在異國生存下來，不少人慢慢以能力和態度得到器重，在外國企業或名校得到很高的職位，最終落籍異鄉。

他們之所以不願，或不能回台貢獻所學，很大因素是當時台灣的大環境沒有足夠的舞台，或是相關產業技術尚未成熟到可以讓他們一展身手。

留學落籍漸歸來的七、八〇年代

到了七、八〇年代，出國留學與工作仍被視為光宗耀祖、出人頭地的青雲路。但台灣經濟的蓬勃發展，逐漸形成一股拉力，吸引海外學成的遊子，或事業有成的華人，陸續回國拓展事業或報效國家，這是「留學落籍漸歸來」的階段。

早年，對於眾多男性大學畢業生來說，台灣的兵役限制，固然一方面阻礙年輕人出國壯遊、探索自我，但同時也弔詭地讓這些在台灣讀完大學、服完兵役才出國的留學生，對從小受教育、哺育長大的台灣，懷有某種故土之情；當他們在海外學術界、醫界及科技界深耕日久，隨著台灣主、客觀環境的改變，或相關條件成熟，便帶著他們的國際經驗，因緣際會回到台灣。

另外，許多早年留學之士，出於故鄉之情的呼喚，或個人生涯規劃，也

> 政府應該打破硬體思維，我們的硬體是太多，不是太少，各大學有太多沒在使用的硬體，使用率偏低。

陸續在七、八〇年代回台。

他們當中不少人曾在國外一流機構工作，吸取外國最好的經驗，帶著國際視野回台，與本土的人才互相結合，造就了台灣經濟、貿易、科技的優勢。這些自海外歸來的人才，對台灣懷有很深的感情，或推動了科技發展，或改善了醫療環境，或促成了台灣政經變革，總之都充分發揮了其深耕學習的基礎，貢獻驚人的國際經驗值。

大量留學、大量回台的九〇年代

到了九〇年代，則是台灣學生赴美求學的高峰。一九九三年，台灣學生留美人數為三萬七千四百三十人，創下史上最高紀錄；相較於一九五〇年的三千六百多人，整整多了十倍。

整個九〇年代的十年間，每年留美人數都超過三萬人。

由於當時台灣的高等教育仍屬稀少資源，出國攻讀碩、博士比較容易，而台灣也因為經濟成長，創造大量工作機會，許多留學生取得學位後，立即返台工作，有的教書、有的進入政府體系與民間企業，成為台灣社會強有力的中堅。

近親繁殖的本土教育

時序走進兩千年後，一方面出國留學的人數直線下降，根據美國「國際教育協會」二〇一三年的統計資料，台灣學生留美人數已經連續六年下降。二〇一四年年底，教育部也公布統計數字，二〇一三年台灣獲美國留學簽證人數僅一萬四千多人，創下近十年以來新低，而且整體取得各國留學簽證人數僅三萬一千多人，也是十年來次低。

這些數字指出，**台灣學生留學意願低落**，**人數不斷往下掉**的殘酷事實。

另一方面，即便有年輕人出國，但經常是「沾醬式」遊學半年、一年就回來；不少富裕家庭則將孩子從小送出國當小留學生，由於一開始就是全西洋式的學習，最後他們變成外國人，回台灣的路也變得益發困難了。

這十幾年，由於高等教育開放，專校拚命升格成大學，供給面加乘，台灣最熱門的教育投資，變成在國內攻讀研究所、博士班。

因為太容易拿到學位，絕大多數學生選擇不出國；根據統計，全台的大學畢業生有六成念研究所，而且絕大部分留在國內，甚至有人從大學生到博士生，都是在同一校、同一系、同一所、同一師，台灣高等教育的發展，愈來愈走向「近親繁殖」的本土教育。

知識來源太過單一

數字為證，看看這十多年來，台灣教育結構發生的量變與質變，就可以知道。

二〇〇七年到二〇〇九年，大學指考錄取率分別高達九六・三％、九七・

一%、九七・一四%，數字高得驚人！

大學生變多，研究所也暴增，根據教育部統計，民國九十學年台灣在學碩士班研究生人數是八萬七千多人，但到了民國九十九學年，大幅成長到十八萬五千人，十年間成長二・一倍。

博士班的狀況，成長幅度比碩士生更有過之；在學博士生人數，從民國九十學年的一萬六千多人，飆升到民國九十九學年的三萬四千多人，也成長了二・一倍！

學校招生困難，於是將研究所錄取人數一步步逐年提高，另一種「學位虛榮」持續在台灣快速蔓延。

> 堅持小而美、小而卓越的學校，比盲目擴張的大學校強太多了。

根據內政部最新統計，截至二〇一四年為止，國內碩、博士生人數已衝破一百二十萬人大關，若再以平均每年有六萬多位研究生畢業推估，三年內，國內碩、博士生人數將一舉攀上一百五十萬人的史上最高點。總計僅在過去這十年間，台灣就多了七十二・五萬位碩、博士生，成長率高達一四〇％；而擁有大學學歷者更是普遍，達到四百八十餘萬人。

這個比重在全世界名列前茅，但，恕我直言，台灣真的有必要培養這麼多博、碩士嗎？他們的就業市場在哪裡？他們又有多少人未來真的可以發揮所長？

二〇一五年三月，今年度公務人員初等考試放榜，原本年滿十八歲、不限學歷即可應考的「初考」，竟有二十七位博士報考，十八位實際應考生中就有一個博士錄取，創下初考創辦十七年來的首例。

今天的教育能成為明日的保障？

然而，初考月薪僅「二十九K」，不到新台幣三萬元，而且主要負責公文收發，連處理公文都用不到。這真是對「博士」大材小用，可以想見在沒有出路之下，這是多麼無奈的選擇。

事實上，先不看這個數字，只看實質面，台灣高教的品質正大幅下降！尤其，多數大學缺乏國際化的環境與師資，不但無法用英語或其他外語教學與溝通，更多的大學生連英語基本的聽、說、讀、寫能力都成問題，自然無法藉英語吸收新知、開拓視野，遑論用英語之外的語文學習。

隨著世界競爭愈來愈沒有藩籬之後，我們捫心自問：這樣的大學教育，還會是孩子們明日的保障嗎？這樣的高學歷，值得我們自詡為教育大國嗎？台灣整體競爭力有因為這麼大量的博、碩士而提升嗎？

我們不大步走出去，外國人也不來台灣

就在台灣年輕學生不愛出國、高等教育近親繁殖日益嚴重之時，卻看到中國留美學生年年快速增長；**根據二〇一五年春季，美國官方公布最新調查數字，中國在美留學生已逾三十三萬人，占所有留學生總數的二九%，而中東國家學生則增長最快**。

文化，不能只是紙上談兵，必須變成生活，成為自然而然的態度。

美國總統歐巴馬因應趨勢，推動了「十萬強才計畫」（Strong Initiative），大量鼓勵美國留學生到中國，以培養新世紀的中國通人才，而中國政府也補助每位美國學生一萬美元的獎學金。美、中兩國熱切交流，在在提升其學術及經濟力，甚至是戰略能力。

不只學界，台灣的國家文官培訓也愈形封閉。以前政府會派公務人員出國，到國外大學研究考察，因為曾發生特權、關說，以及名實不符的假考察、真觀光等弊端，使得現在大幅減少名額。

但是，這種為了防弊而自我束縛的做法，切斷了公務員出國進修之路，視野受到嚴重限制。

反觀中國大陸，每年派出超過三十萬個公務員出國研修，蹤跡遍布美國哈佛大學、麻省理工學院到史丹佛大學，甚至英、法、德等國，幾乎世界一流大學都有大陸公務員的足跡。

大陸願意花大錢栽培一流國際人才，而我們卻因為努力防弊、預算排擠，斷絕有心貢獻社會的認真公務員進修之路。

過去，在台灣經濟起飛的鼎盛之世，加上外商無法進入中國大陸，因此三千寵愛在台灣，無數外國人隨著商業及學術活動來台灣訓練、居留，無形中帶動了台灣與世界的技術交流及產業升級；現在，情況卻顛倒過來，大陸有更大的舞台，吸引更多世界級人才進入。

為什麼來？為什麼不來？

按理，台灣既已失去優勢，政府應該要想辦法吸引更多國際資源。但我們似乎沒有看到這項危機，以我從外部觀察，教育部之前砸下五年五百億元新台幣，似乎又落入盲目攀比競賽的圈套。

幾年過去，或許有局部地區找到外國知名學者來台講學，卻沒有看到真正國際級的大學者長駐，也沒有看到一位治理校務有方的國際級校長出現，而國際學生人數更未見明顯增長。在這種狀況之下，如果，台灣並不是這些外國年輕人唯一可以學到東西的地方，他為什麼要來？

反觀香港各大學，徵求校長或重要治校人才時，全球覓才，而且不計代價，「唯才是用」（find the best available person）；數位台灣出生、受教育，而後在世界享有重譽的教授，都先後擔任香港各大學的校長，如：前香港科技大學校長朱經武、前香港城市大學校長張信剛、現任校長郭位等，台灣卻請不到這些教授。

這些來自台灣的學者，難道會不願意回國教學？當然不是！而是台灣學校若非受制於待遇體制，就是整體環境無法容納真正的人才返國。

大學無法接軌國際或扎根地方，成為孤芳自賞的象牙塔

台灣的五年五百億元新台幣預算，各大學用在搶蓋大樓、鋪紅磚道、地下水道，或者讓現有師資以研究計畫之名，將這筆錢分食、消耗殆盡。沒有改革的方向與願景、沒有宏觀的人才培育，彷彿只要擠入全球排名前一百

大、五十大，教育部所砸下的五百億元民脂民膏，就可以交差了事。

以我近來投入心力較多的花東來看，花蓮、台東原來各只有一所師專，為培育師資而設立。後來陸續成立了兩所國立大學，位於花蓮的稱為國立東華大學、台東的名為國立台東大學。之後，師專因為師資過剩，於是分別被裁撤，並由兩所後起的國立大學兼併。

表面上看來，兩所師專都升格了，擁有更新、更好的校舍和更體面的名稱，可是，讓人無法接受的是：政府將師專合併、廢棄，無異是將原本想拿公費念師專、當老師的窮孩子前途給毀了。這個現象，並非花東獨有。

當師專不見了，變成當地唯一一所國立大學，偏偏學生約有九〇％來自外地，等於扼殺了花東地區青年的受教權；尤其這些大學，大部分科系與課程都跟在地文化無關，卻與西部大學幾無二致。

即使，有少數原住民相關系所，也是弱小中的弱小，沒有跟當地結合，忽略了花東真實的軟實力，是原住民珍貴的文化、音樂、藝術等資產，而這些都更需要投入資源研究與傳承。

如今，節能減碳明顯是全世界未來的產業趨勢，樂活慢遊、原民文化是花東未來發展的優勢，教育政策就該強調花東自然景觀生態和原民文化，當地最高學府也該以此為教學優勢，使自己具備更多裨益地方發展的素材。

然而，當地處偏鄉的唯一一所國立大學，絕大部分學生來自西部，我所看到的現象是：東部有能力的學生，想盡辦法要脫離窮鄉；但西部來的同學，不是為花東文化而來，也不是為了造就花東未來而來，而是為了校名冠上的「國立」光環而來。

政府應該思考設立大學的目的

我以一個局外人的角度要問：國家在偏鄉設立大學，難道不是為了協助在地貧困學子，以最經濟的方式培養、發展地方的專業能力嗎？那麼，為什麼我們不能先從花東的永續大未來著手，先尋找當地優勢，然後尋找一流師資，配合優勢的內涵，做為教學主軸？

我想，地方設一所大學，應該要吸引更多外地資源，推動本地產業升級，至少要跟地方有密切互動。但現在，絕大部分老師與學生都是外地人，平日關在校園裡，研讀和台北城市地區大學一樣的功課，請問，在當地設校意義何在？**我必須強調，這不是針對某一所大學的指責，而是針對整個教育政策提出反省。**

思考如何活化當地產業

類似問題，同樣發生在台灣各大學的每個角落。有一次，我應邀到中部某國立大學演講，我覺得很奇怪，這所大學緊臨國家最重要的觀光風景區，山光水色，聞名遐邇，有龐大的觀光資源，卻沒有任何相關科系？為什麼學校課程跟當地最寶貴的資源沒有互動，成為孤芳自賞的高級學府？

為什麼在地的學校，不試著把在地文化、美學、觀光，轉變成教育的必要元素，進而回饋當地，產生正面影響？

好比，為什麼瑞士洛桑地區有很多餐飲旅館學校，因為那裡是風景名勝，旅館餐飲業最發達，整體來看，有五星級飯店、有來自業界的優良師資、有認真的人才，從上到下提供了一條鞭的環境。

除此之外，加上源源不斷來自世界各地的學生，瑞士不僅造就了本國餐旅業的一流人才，也打造出一種無可取代的優勢，為世界培育出各種傑出餐旅人才，替國家與地方帶來無限商機。

同樣，如果花東地區高等學府要設立餐飲相關的食品研究系所，難道不應該研究如何活化當地產業？

教育應該納入有益當地的內涵

我們是不是可以把花東的農畜產品，變成可久藏的甜食美酒、可耐長途運輸的保鮮食品、有機農業？當然，除了硬體投資，更要吸引一流師資，可以引入花東的人才投資。

例如：結合一山之隔的台東各地漁港，發展出以台灣最好的米、最新鮮的魚而獨創的「台灣壽司」（Taiwan Sushi）！甚至，也可以用池上米來烹調出有台灣風味的義式燉飯（risotto），像這幾年返回台東池上開設家庭小館的王群翔，就是用不同方式呈池上米的特色。

這些都不是我對技職的妄想，因為我認為，教育的本質應該是靈活彈性、因地制宜，最重要的是，必須納入對當地有益的教育內涵。

我在花東這幾年，近身接觸各種生活型態以及原住民文化。**講到文化，就不能僅僅是停留在紙上談兵的研究層次，必須將它變成生活，成為一種自然而然的態度，一種洋溢於呼吸之間的氛圍。**

資源與浪費的差別，在於資源的挪移。如果可以將資源從左邊換到右邊，許多事花錢不多，成效卻很大。

當台灣的大學已經極端過剩，學生面臨更多選擇時，每個學校都應該尋找自我在地發展的優勢；尤其，花東的學校，更應該把文化融入生活、變成教育，把傳統主流的音樂、藝術，跟原住民的音樂、文化、藝術密切連結。

我們有權利要求，偏鄉大學必須保留相當比例的入學名額給在地學生，教學內容也必須因地制宜、與時俱進。如此，將不知會有多少花東的青年人受惠，對他們身處的社區產生多大影響，又有多少正面的鼓勵！

不拚升格的好學校

其實，努力拚升格，是一種虛榮；我曾看到一所在台灣幾乎沒沒無聞的學校——美國威廉斯學院（Williams College），雖名氣不如長春藤名校，但在美國卻是一等一的好學校，在二〇一〇年全美大學評比上，更是超越了哈佛，高掛排行榜第一，歌手王力宏即為其校友。

過去兩百多年來，威廉斯學院安於自己小學校的規模，全校只有二十五個系、兩千多位學生，並沒有搶著擴充學院變成大學，一年大約只收五百位學生，研究所碩士班很少。

這所學校，在安靜的鄉間，安於做自己的角色，卻可以在人文及社會科學領域，成為全美首屈一指的教學重鎮。堅持走自己最擅長的領域，不去製造一大堆碩士、博士，卻有著如牛津大學的導生制。堅持小而美、小而卓越，這樣的學校比盲目擴張的大學校強太多了。

大學評鑑的弔詭之處

從威廉斯學院的例子延伸，我在台灣也發現，有這麼一所大學的設計學院，在國內評鑑常敬陪末座，但在國際間卻赫赫有名。

這所設計學院，當然不是政府五年五百億元補助的頂尖大學。雖然，每每在參加教育部評鑑時，總附上厚厚一疊學生在海內外的得獎作品，但最終被評鑑出來的分數，總是後段班成績。

因為這樣的緣故，這所設計學院的院長，還曾經自嘲過：「我們評鑑都最後幾名，哪個官員敢花錢栽培我們？」

然而，這所大學的設計學院，卻在二〇〇七年，被美國《商業周刊》

（*Business Week*）評選為全球前六十強設計學院，該年入榜的台灣學校，尚有成功大學規劃與設計學院。隔年，社會上還有質疑聲浪，認為美國人是不是一時選錯了？

不僅如此，這所學校更進一步從全球前六十強，躍升到全球前三十強，也成為台灣唯一入榜的學校，並蟬聯多次。

博士學位與優秀老師不該劃上等號

這所在國內教育部評鑑吊車尾、得不到教育部五年五百億元補助，卻成為全球評比前三十強的設計學院，便是實踐大學設計學院。

我們的大學評鑑，以發表論文多寡，來決定好學校的標準，並且容許某些學院的「菁英」以自己的經驗值來衡量一切，甚至評量台灣青年的未來。

實踐大學設計學院在國內評比之所以屈居劣勢，原因在於，他們聘請教師並不唯博士學位是問，聘請來的教師也不曾積極發表SCI、SSCI

等國際學術期刊論文，因此在評比的積分上，吃了很大的悶虧。

但沒有博士學位，不代表不是優秀的老師。

實踐大學設計學院的老師，許多是在業界擁有實戰經驗的佼佼者，他們能帶給學生的，不會比博士差，特別是在強調實做的設計領域。同樣地，教授沒發表學術論文，卻帶著學生贏遍海內外設計大獎（該學院學生近二十年來，在海內外獲獎近千項），這又該如何計算價值？

我想提醒大家的是，不少台灣的教育觀念已經大大落伍，堅持做好教育的人，在體制內反而是異類。實踐大學設計學院可以做為教育部在評鑑上的警惕，也可以是老師們堅持教學理念的範本。

教育資源分配不公

除了評鑑標準及制度的問題，我對教育資源的分配也有很大感慨。

我發現一個情況，愈是偏遠地區的技職學校，愈難請到好老師，但其實好的招生政策，應該要能讓學生將目光從書本移開，關懷自己以外的人事物，激發對社會、世界的熱忱。

偏遠地區更需要最好的老師來教，可是，政府無能解決這個問題，願意丟出十幾億元來蓋大樓，卻不願花一點錢在更核心關鍵的軟體，用這些錢聘請最好的師資。

這也讓我看到，公、私立學校資源的分配，其實極度不公。

一位私校老師便感嘆，他們學校的經費，自己籌措得很辛苦，公立學校卻如此花錢，令他覺得很不可思議：「我們社會有巨大的需求，但又對這些資源有如此巨大的浪費。」

政府應該打破硬體思維，因為，我們的硬體是太多，而不是太少；地方上固然有許多閒置荒廢的「蚊子館」，各大學也有太多硬體沒在使用，再不然就是使用率偏低。

某位大學院長就感慨地說：「暑假時，校舍空在那邊，學生都回家了，其實是另一種浪費。」想想全台灣有多少大學，一年才用幾個月，其餘時間都是空的。反觀歐美，許多學校都盡量在暑假時，把校舍開放出來供其他活動使用。

資源活化創造多元價值

這啟發我思考，如果由政府或學校主導，與世界各地學校交流，吸引大量外籍學生來台，這時，大學校舍在暑假期間就不會閒置，本地學生可以住在學校宿舍，實際學習接待、和國際青年交流、學語言；法語系學生接待法國學生、日語系接待日本學生，其他行銷、運動、休閒等科系的學生，可以帶他們去溯溪、攀岩。

這是多棒的暑假作業，也是對學校公共資源的最好運用（國外有專門做這類學生旅行的旅行社，甚至進駐校園）。

加拿大有一種旅行社專門與學校合作，暑假由老師帶學生到歐洲各歷史名勝深入學習，學校會運用最經濟的方式，利用歐洲各大學暑假閒置的校舍推動這類活動，學生一方面可以利用這個機會得到老師臨場教授歷史地理的機會，再方面可以跟來自世界各地的年輕人交流。

需求與浪費之間的差別，在於資源的挪移。如果我們可以將資源從左邊換到右邊，有很多事情花錢不多，就可以得到很大的成效。

改變招生政策，找到更具格局的學生

這幾年來，政府有很多教育政策轉向，如：民國一〇三年推動十二年國教、廢基測。但這些都圍繞在「考不考」上打轉，終究還是考試當道，我對這些變化感到憂心。

這讓我想到，二〇一〇年夏天，我於二〇〇九年十二月成立的公益平台基金會在台東舉辦英語營，加州大學聖地牙哥分校（UCSD）一個名為「ETA 4」（由美國加州大學聖地牙哥分校和當地其他學校學生組成的非營利英語教育團體）組織的學生，自行募款到台東教英語。

其中，我印象最深的是Brian，他是醫學院預科（pre-med）的學生，在正式邁入下一階段的學業前，他給自己一項新的學習功課：社區義工。

美國醫學院大都不會直接錄取大學剛畢業的學生，學生申請醫學院之前，除了生物、化學、物理必要專業科目外，有的還必須修習包括心理學、哲學，以及參與全時間的社區義工工作。這些招生標準，反映出一所醫學院對未來醫生的要求。

二〇一一年暑假，我們舉辦第二屆英語營，除了ETA 4，又有六位來自紐約的家長，帶著八位高中生，加上六位來自台北美國學校的同學，來當英語老師。他們也都是自己募款，自發性地到偏鄉工作。目前這個合作模式，已經持續到第六年，並且擴大成每年全台有上百位大學生與國際學生共同參與的盛會。

> 教育最崇高的目的，在於培養有廣大視野、對社會有貢獻的領袖，而不是自私自利的人才。

台東與紐約相隔十萬八千里，這些優異的高中生之所以願意不惜千里來到這個陌生的偏鄉教英文，除了熱情之外，我想到，他們正在創造屬於自己的獨特「學習組合」（learning portfolio）。

然而，同一時間，我卻看到台灣的中學生，關在補習班冷氣房裡，忙著念書，準備學測、指考。我不得不說，這群紐約來的朋友，才是在做畢業之前最有意義的「暑假作業」。

同樣地，醫學院預科生參與社區工作，對他的醫學專業，未必有直接幫助，卻可以改造一個準醫生的心態及價值觀。一位好醫生未必樣樣都是第一名，但他的愛心及奉獻熱忱，卻能鼓舞他成為一位良醫。人醫，醫人；良醫，醫心。

離開教室，走入學習的田野

從我親身經歷的台東英語營這兩個活生生的例子，我想到，如果我們的教育政策也能夠因勢利導，在入學資格上制定各種不同標準，當標準制定清楚後，學生的學習勢必也會往這個方向發展。

這意味著，學業成績好壞，不再是大學選擇學生的唯一重點，成績好的學生多得是，但更多的學校重視學生是否在課業以外有團隊合作、實現夢想、忍受挫折的勇氣，是否有參與社會的熱忱、培養有感染力的領導風格，以及解決問題的能力。這些都必須離開教室，走到學習的田野來實踐。

什麼樣的招生政策，找到什麼樣的學生。這些標準的設定，就是**讓學生能夠將目光從書本移開，關懷自己以外的人事物，激發對社會、對世界的熱忱**。這樣，無形中就會打開學習的廣度及深度，也可以找到不一樣的學生。

我認為，教育最崇高的目的，在於培養一個有廣大視野、對社會有貢獻的領袖，而不是一個自私自利的人才。

延伸思考

實踐大學設計學院的「實踐」教育

實踐大學設計學院在教育部的評鑑吊車尾，卻被美國《商業周刊》評選為全球前三十強的設計學院，這個高反差的對比，非常耐人尋味。

除了實踐大學設計學院外，台灣其實陸續出現有心的大學老師，努力在非傳統名校、非著名科系，帶領年輕孩子默默耕耘，他們展現了教育的另一種可能。

二〇一一年一月，我特別邀請實踐大學設計學院的老師及研究所學生，參與公益平台寒假在台東舉辦的藝術營隊。他們師生組成工作團隊，在實踐董事謝大立帶領下，先到台東三仙台觀察部落文化，連續去了幾次，傾聽當地原住民小朋友演出寶抱鼓的鼓聲之後，激發出一系列的靈感和產品。

而建築系的學生，以完全無償志工的角色，短短一星期不到，分別走入台東兩家知名的老餐館，進行改造作業。指導老師刻意讓學生直接面對「業主」，學習傾聽、觀察、溝通、開會、調整需求，以及陳述意見。得到共識之後，利用不影響店家營運的半夜空檔，不眠不休熬夜趕工，只為了親手為店家塑造出嶄新的空間環境。

看見不一樣的年輕世代

這群大學生，顛覆了年輕一代習於養尊處優的刻板印象。

實踐大學老師蕭有志看了學生的表現，也有感而發：「他們把我嚇到了，尤其最後一晚，看到大家的那種拚勁，沒有睡覺，有那種實踐建築的實踐力量。」

一位參與工作營的學生說，在最後趕工時刻，看到每個人對完美的堅持，那種看待自己作品如同生命的崇高情懷，真是非常感動。

這個由大學部及研究所十多位學生組成的工作團隊，不少來自中山女中、台南一中、宜蘭高中、中壢高中、復興商工等名校，也有人念了商學院後發現不符志趣，重考進入實踐；還有幾位學生，是偷偷填志願，沒有經過家長同意，因為他們知道家人對於私校及主流價值觀的評價。

大學新生進來，很多實踐大學設計學院的老師覺得，「高中訓練出來的腦子，大都一模一式，」他們以各種方法，進行摧毀式教育，要學生打碎一切，從零開始，最後慢慢找到自己「最真實原初的那一塊」，很多學生都曾有崩潰後痛哭一場的經驗。

曾有入學考試考題是「天邊一朵雲」，要你用簡單的素材表達出心中的天邊一朵雲；有的老師訓練學生手感，要他們一整個學期打毛線；也有教色彩學的老師，要學生不斷烤土司，以烤出不同的灰階色調。

沒有人要考你是否記得公式

在謝大立、官政能兩位出身普瑞特藝術學院（Pratt Institute）校友的聯手下，實踐大學在十幾年間，經歷了劇烈的課程改革，之後又由前設計學院院長安郁茜接手，進行更根本的精神蛻變。

安郁茜，不少人公認她是帶領實踐大學設計學院走向設計名校的一大推手，為實踐引入很多資源及人脈、師資；在學生眼中，她是個很有威嚴、做事堅持、不流於俗的老師。

她的求學階段有個小插曲，當年為參加在美國的建築師考試，苦記強背許多複雜公式，但一進到考場、考卷發下來後才發現，考卷上竟白紙黑字提供所有公式！甚至，考場裡也提供計算機給考生。

這與台灣考試截然不同，根本沒有人要考她是否記得公式。

如何活用公式才是職場的考題

太過驚訝的她，發覺東、西方思維完全不同，安郁茜體會到，職場與人生真正要考的，不是你記不記得公式，而是你能否活用公式。

之後，她在實踐教書時，便強調啓發式教學，要學生做一個「思想上的強者」，也讓實踐大學設計學院獨樹一幟，有自己的風格，從一個「新娘學校」搖身一變，成為他們自我調侃的「**創新匪類**」大本營。同時，扭轉過去的偏見，認為設計就是「畫畫的」、「做美工」。

謝大立說：「真正的設計人才，是懂得社會學、科學，用專業去解決問題，成為藝術與消費大眾之間的橋梁。」

學習是最大的回饋

同樣參與台東營隊的建築所學生林旦華，原本念美術系，當年是偷偷報名考入實踐建築所；父母原本希望她當老師，她卻對「城市」相關的設計更有熱情。

林旦華觀察到，以實踐建築系、所提供的師資及學習環境，同學之間少有為考建築師執照汲汲營營，「我想這裡要培養的是建築人，而不是建築師，」她說。

也是建築所的任芯瑩，則從華梵景觀設計系畢業，大學時期在一家公司工讀，學到很多經驗。

她們兩位女生在台東營隊，穿著工作服，神情嚴肅地工作，這一切都是無償付出，她們說：「學習本身就是最大的回饋，沒有什麼好叫苦的，我們只是一心想把它做完，真的讓店主滿意，這樣我們就很開心。」

在實踐建築所三年半修業期間，校方規定，學生在最後半年一定要出國念書，或到國外事務所實習、或進私人公司歷練，才可畢業。任芯瑩說：「至於去哪裡？手續怎麼辦？獎學金怎麼申請？這些統統自己來。一個人在國外，單獨面對一切挑戰，這些都是學習的一部分，總之，我們都很期待要離開台灣去闖一闖。」過去就有學長到四川汶川，協助災民蓋房子。

趁著年輕認識世界

過去，林日華曾經想要在幾歲前存多少錢，但進入實踐之後，她改變了價值觀，「我覺得，錢可以慢慢賺，年輕時多認識這個世界比較重要！」她回想到之前以《臥虎藏龍》獲得奧斯卡金像獎最佳藝術指導的葉錦添到校演講時所說：「一定要趁年輕好好出國闖一闖，因為這個廣大的世界將會回饋你更多。」

除了偏鄉部落的在地參與之外，我們也在實踐大學的協助下，公益平台連續四年暑假，在實踐台北校本部共同舉辦設計營，每年都有五〇%來自花東的青年，透過公益平台支持，實際參與培訓。轉眼間，這個設計營為花東學生打開新視野，甚至有些學員，已經成為實踐設計學院的學生。

第5章 技職教育的黑洞

教育必須是為青年人照亮未來的探照燈，
而非重複過去的後照鏡。

學校不該是販賣學歷的學店，
而應該回到最原初的本質，
也就是知識的傳授、品格的培養、技藝的學習，
讓所有身處其中的人，如沐春風。

想像一下，有一條汽車生產線，有依個人身高調整的工作平台、額外的護背、放大的螢幕字體、更好的照明等等，但員工清一色全是五十歲以上的「阿公」，開工前還要做操暖身。嘿，他們組裝的車，可能比年輕人更好、更快嗎？

技術本位才是價值所在

答案是肯定的。二〇一一年二月，德國汽車業巨擘BMW啟用一座工廠，專為資深老員工設計這樣一條生產線。五個月後，這條被稱為「阿公線」的生產線，居然跌破所有人的眼鏡，產能驟增七％，遠超過其他流程分項的進度，而且整體投資不到兩萬歐元（約新台幣八十萬元），可見「老薑」的厲害。

他們多年的經驗、純熟的技術及出色的工作表現，在技工短缺和少子化的今天，愈來愈顯得無可取代。阿公們出手，反而成為BMW的品質保證，而BMW也決定，將這個世界首創的工作站模式，擴展到其他工廠。

我們再看生產名車R8運動跑車的奧迪（Audi）汽車，因為製程格外繁複細瑣，其生產線清一色都是在職超過二、三十年的資深技工。在「探索頻道」拍攝現場，放眼望去，每個人脫下工作帽，不是頭髮掉光，就是一派銀白灰髮、雙手布滿皺紋的「阿公」。

奧迪之所以特別重用資深員工，是因為年長者經驗豐富、動作穩重緩慢，不易出錯，反而更適合製造精密跑車。

基層技術勞力短缺，找不到黑手的國家

其實，不只德國面臨技術短缺，台灣也有這種危機，而且更嚴重。

台灣真正可以做事的「技術性勞力」空掉了，產業界普遍的問題是：目前高職畢業生難以補充基層技術人員的人力需求，甚至連技術學院的畢業生，也不見得具備真正的專業技能，台灣社會正逐漸面臨基礎技術能力中空

的窘況。

如今不比過去，愈來愈找不到基礎技術人員，如：引擎、機械維修的技術人員，甚至好的水電技師都匱乏，待遇優渥的航空公司，也找不到專業的飛機修護人員。

政策錯誤，技術優勢不再

反觀過去三、四十年，打造台灣經濟奇蹟的，除了知名大企業外，背後更是由一群沒沒無聞的「黑手」頭家所支撐。

這些占台灣企業界九八％的中小企業主，是台灣經濟奇蹟幕後的無名英雄，他們擁有扎實的技術能力，開一家自己的小工廠；憑著一身膽識，拖一卡皮箱「凸」全世界，即使英文不夠好，也能用優異的產品力打開市場，成為供應鏈中不可或缺的一環，因而打造不少「黑手變頭家」的奇蹟。

但現在，台灣底層這種堅實的技術能力，卻因為錯誤的教育政策，逐漸淘空。政府大量放寬職業學校升級技術學院、技術學院升等為科技大學，堪稱教育亂象之最。過去十多年來，台灣技職學校努力拚升格，不只學校有這種虛榮之心，還包括每個地方的立法委員、行政首長、民意代表及家長等「選民」，都一致認為自己的家鄉要有大學。

這是一場「拚升格」的競賽

我們先回顧這二十多年來，高職、專科及科大幾項數字的消長。

一九七〇年代，政府為配合發展資本、技術密集工業，高職與高中學生比例為六比四；八〇年代，為發展高科技工業及石化產業，廣設高職，將高職與高中學生比調高為七比三，高職成為這時期就業人力最堅實的主力。

然而，近十多年來，政府號稱因應知識經濟、產業轉型，技職教育政策也大幅轉向，高職與高中學生的比例又向下修正為五比五。但更值得注意的是，高職升學率從二十年多前的一〇%，這三年大幅揚升到八〇%以上。

在弭平高中、高職差異與延後專業分流之下，高職升學主義抬頭。換句話說，有八成的高職生，念的是職校，但仍以上大學（包括：科技大學與技術學院）為目標。

為什麼高職生想要繼續升學？這又跟高等技職教育的盲目擴張有關。政府一方面縮減高職，另一方面，卻自一九九六年開始，大力鼓勵專科改制為技術學院、技術學院改為科技大學，彷彿是一場拚升格的競賽。

升格糖衣下的教育危機

這場競賽令原本七十多所的專科，大幅減少到現今僅存的十三所。可是，幾與此同時，技術學院卻年年暴衝，自一九八六年的一所開始，二〇〇二年已經達到五十六所的最高鋒；之後逐年遞減，直到二〇一四年，又銳減為十七所。因為已有近四十所升格為科技大學，此消彼長之下，科技大學由二〇〇〇年的十一所，僅在十五年之間，便一舉暴增到五十七所的高峰。

表面上，高等教育連年擴張，似乎是台灣教育的提升，但骨子裡是家長輕視技術，抱持「讀書才能出人頭地」的單一價值觀，在背後推波助瀾，成為大學開放升等的「幫兇」。若家長不鼓勵孩子拚命考試、升學，這些學校自然沒有市場的假性需求。

高等技職體系膨脹，似乎為職業學生廣開升學之門，可以不斷精深研究。然而，在這個「科技提升」的美麗名詞包裝下，其實暗藏很多危機。

問題一：無實務經驗的博士攻占技職體系

大量開放專科升級，加上升等評鑑政策的誤導，許多為求升等的學校，因為缺乏博士師資人力，一時間創造了短暫的「博士假性需求」。原因在於，政府沿用一般研究型大學評鑑標準，讓想要升級的專科，為滿足教育部評鑑要求，大量引進有研究學歷卻無實務經驗的博士，進入技職校園。

這無異表明，職業學校率先迷信學術及博士，勝過日積月累鍛造出的實

> 學術化的技職學校，無法養成技術能力，原本已居於弱勢的孩子，連學一技之長都變得遙不可及。

做技術。這是一種盲目崇拜學歷的虛榮，同時助長了高學歷通膨的現象。

當這些只懂觀察研究，卻不諳專業實務的教師，進駐了所有的教育行政主管職缺之後，學院風格主導了職業教育生態：專業教學變成理論課程，紙上談兵勝過實務打拚；原來任教於技職學院的老師，為求保住教職，放棄理應致力的專業實務，全面加入補修碩士、博士學分的行列。這些是我觀察到技職教育的第一個扭曲。

在學術老師充斥下，國內每一所頂尖的專科學院，原本是理當講求實做的最高學府，但現在的實際情況，卻是教導實際技能的技職老師，比率逐年下降，所有職缺被學術教授所取代。

仔細想想，這些學生不管學什麼科系，最終仍要離開學校到社會就業，但令人擔心，這些學術界的老師，如何提供學生真正的技術訓練？

更遺憾的是，以我深入了解的偏鄉地區來說，碩果僅存的幾所技職學校，由於地處偏僻，幾乎完全沒有專業老師，同樣的待遇請不到大城市的好師資；另一方面，也因教師名額有限，擁有教師資格的老師，再考個證照，就可以取代專業教師的位置。

於是，名為技職專校，也設立很多聽來實用的科別，實際上卻是走綜合高中路線。學生的課表填滿了各種「部頒課程」，而洋洋灑灑的各種專業課程，都變相地被「學術化」了。這樣三年下來，根本無法養成學生最關鍵的技術能力；高職畢業後，孩子們只能徘徊街頭，找不到工作，原本已經居於弱勢的孩子，連學一技之長都變得遙不可及。

問題二：業師努力拚博士

技職學校在學術老師充斥下，升格後，反而變成台灣職業教育的殺手，甚至連原來為專業技術開放的技術老師（指不要求學歷，以專業技術資格任用的廚師、技術士等教師），也為了得到終身教職的鐵飯碗保障，紛紛迎合升等需要，做出一大堆不務實的研究報告、社區教學，或競相輔導學生參加比賽、鑑定，做為升等條件（這些都是教育部新設的技職教師升等辦法）。

其實，職業教育的技術老師，本來應該與業界頻繁交流，甚至定期更換，才能時時掌握市場最新情報和最新技術，學生才可能真正從他們身上學到職場要求的最新技能。當技術教師也走向終身職與追求升等之路，向學術傾倒，這種現象就表示，**技術學院無法與市場接軌，傳授最新技術**。

我曾造訪中部一所技職學校，他們一樣有很多炫目的科系，卻都招不滿學生，只有餐旅管理學系招生收得最齊全。但我觀察到一個更嚴重的專業問題，目前台灣餐旅師資，幾乎都來自台灣國內飯店的本國籍管理階級；反觀大陸，因當今國際飯店品牌在中國百花齊放，很多是台灣沒有的頂級品牌，當然也包括許多世界級的頂尖名廚與國際管理專家，都在中國。

當這麼多國際品牌、這麼多國際名廚在大陸活躍，加上比台灣更國際的市場環境，大陸學生等於具備了一次到位的學習優勢。而經過了過往十多年百花齊放的淬鍊，大陸很多第一批受國際經驗訓練出來的當地人才，已陸續補位成為大陸餐飲學校的老師。

此外，大陸大量獎勵各國傑出餐飲學校到大陸合作設校，也是學生就近學習的對象。他們學習經驗值一步一步堆高，眼界早已強過台灣學生太多。

因此，對台灣這些旅館學校的老師來說，我擔憂，台灣過去的餐飲學校經驗值，已不足以支撐他們教學所需，這時候豐厚的新台灣文化元素，自然成為台灣必須保留及發揚的新教學素材。

好比餐飲學校必須開始把台灣優勢的茶藝、飲茶文化、美學與人文素養融入教學，否則就完全與時代脫節，對自己的未來發展毫無把握；另一方面，學校可能不知道，學生現在所學的，對岸大陸早已用更高標準學習，而台灣學校不教、學生沒學的，反倒是我們最大的優點，這又何其可惜。

結果誠如李家同教授跳出來批評的，台灣現在技職教育體系式微，政府政策明顯在減弱技職體系，「搞得技職學校像工學院，但

當職業教育的技術老師也開始追求終身職與升等，向學術傾倒，就表示技術學院無法與技術接軌，傳授最新技術。

沒有技術，學問又比不上工學院。」技術、學術兩頭落空，這是台灣技職教育的第二個扭曲。

問題三：分數的排擠效應

當社會正在談論，連指考零分都可分發到大學就讀的同時，我也驚訝地發現，目前台灣幾所比較著名的技職學校，其最低入學分數，居然在聯合考試的招生中，必須達五百五十分到六百分以上的高門檻。

換句話說，考試成績不是最好、但對行業有十足熱忱與天分的未來明日之星，極可能被分數排擠、淘汰。這是技職教育的第三個扭曲。

當職業學校也變得如此學術化時，不禁令我想到，另外一些原本不太會讀書，或者家境不甚優渥、只想學一技之長的孩子，由於高職大幅減少，他們連最後一個機會也被剝奪了。而且，就算他們看似不會讀書，但絕不代表他們頭腦不行，或是沒有能力，他們只是沒辦法適應這類筆試，可是在他有興趣的領域，其實他可以學得不錯。

於是，以高分錄取學生為傲的高職，被精於強記、筆試優異的學生搶著入學，但他們的心真的在學習技術嗎？還是仍以升學為目的？不要忘了，按教育部統計，現在有八成的高職畢業生想要繼續升學，高職不過是他們升學的跳板而已。

是誰給了他們這樣的美夢？技職教育廣開善門的結果，很多原本只想學門技術、找份工作的年輕人，抱持繼續留在校園「深造」的虛幻夢想。專科讀完升二技，二技畢業就可以修碩士，碩士修完再一步就可以當博士。

這樣的升學直升梯，讓台灣許多年輕人不再願意當「基礎螺絲釘」的技師，台灣基層技術人力逐漸被淘空。可是，正當這個時候，我們又同時看到，德國、法國、韓國、芬蘭，全國平均有五、六成中學生進一般高中，另有四、五成以上學生進職業學校或專科學校，比率甚至不斷增加，而且決定大都是孩子自己做的。

在他們的教育理念裡，念文理中學準備念大學，或選擇高職以習得一技之長，全是**各人自由發展**，**適才適性**的結果。

基礎勞動力的培養，攸關重大，韓國也深諳此理。

韓國政府這九年來，大量擴增提供專門領域之專業教育的「專門高中」（Special High School），以補足國家基礎工業所需之勞動力；甚至，他們將「師傅高中」（Meister High School）列入重要政策，全額免費，培育具有精深技能之「青年師傅」，以利韓國成為製造工業強國。

對比之下，我們卻極力弭平高中、高職的本質差別，同時延後專業分流，拖長學生在校時間，種種教育政策大方向，無異於不斷摧毀好不容易累積的技職教育體系。

問題四：技職教育以「招生」為導向，而非以「就業需求」為導向

好好請來學有專精的專業老師，在學校把學生教會了，學生畢業後，便銜接進入專業職場，老師從旁協助，這應是技職教育的本質與初衷。**進步的**

教育應該走在就業市場之前，但現在我們的技職教育是跟在市場後面，而且遠遠落後一大截。

技職學校的科系往往以招生為導向，卻不以就業需求為導向。為了招生，很多學校強調××管理學系、××數位學系，名字聽起來都很厲害，但卻沒想到，學生進來學的不是實際的東西，出校門才知所學與實際不符。

其實，很多進了高職專校的學生，也面臨另一種考驗，那就是課程設計遠遠脫離現實，根本學非所用。例如：目前許多餐旅學校為了擴編或升等，紛紛成立國際會展系，但我們本身沒有國際會展環境，更沒有會展師資，這個系成立的意義何在？

二〇一〇年，我應邀發表有關台灣會展產業發展的演講，一開頭我便直言，我今天真不應該來，因為二十多年前我想講的，跟我今天要講的，是同樣的內容。但是，二十多年來，同一問題，其結果早已不同；那個時候，我談的是台灣可以創造的優勢，現在卻眼睜睜看著鄰國追趕到我們前方，面對台灣優勢盡失的窘態，這種感覺真的很無奈。

二十多年前，我發覺國際上有很多展覽，我看到德國柏林、漢諾威、法蘭克福舉行各項會展，包含影展、旅遊展、電子展等等，分工細密，牽動世界商務旅客往德國各大城市走。

我當時便大聲疾呼，台灣當時出口鼎盛，可以借力使力，舉辦各種研究型、醫療型、工商科技型國際研討會，吸引世界各國買家，除了來台灣看展覽，也順道開會，打開台灣能見度，走向世界。

過去我在外商來台的全盛時期，殷殷盼望政府正視會展產業的商機，因為我非常了解國際會議能夠帶來很多周邊效益，台灣一年若是能舉辦上百場國際會議，其國際能見度及地位一定會大大提升。

國際菁英來台，不僅是認識台灣最好的機會，還可以開拓更多國際客源，而且這批客源的平均消費能力強，可以帶來最新的資訊、技術，也可以讓台灣青年人藉此與國際接軌。

這件事令人扼腕，因為我們其實比香港、新加坡更早興建國際會議中心，但是由於缺乏完整的規劃與預算，卻被別的國家後來居上。

其實，國際會展本身就是一門非常專精的學問，即使像當時香港已經很國際化，但它在國際會議中心成立後的第一件事，就是重金挖角洛杉磯會展中心的總經理。因為香港非常了解，找到一位國際會展市場老手，等於將他十年以上的經驗、全球專業人脈及可觀的市場關係，幾年內一口氣都灌輸給香港，香港在國際會展市場，立刻躍升到世界級的水準。

現在，新加坡一年也有千場以上大大小小的活動，奠定新加坡成為「亞洲最受歡迎的會議城市」地位。

大陸更是厲害，上海辦會展，特地將德國漢諾威國際會展組織整個團隊，全部移植到上海，做了十八個展覽館。不僅如此，為了吸引這些德國人，考慮他們身處異國可能有各種不便，大手筆規劃建造了一座德國城，設立小學，提供各種生活所需，就是怕這些外國人不習慣當地生活。即使大陸會展產業起步較晚，但他們卻懂得找最強的團隊來做。

> 進步的教育，應該走在就業市場之前。

反觀台灣，連請一個國際好手，都可能被攻擊是找一

> 教育應該以更國際的眼光、更高的高度，有計畫培訓人才。

隻肥貓！在外貿全盛時期，台灣是「有展無會」，現在台灣已經淪落到「無展無會」的劣勢，才想花大錢辦會展？

現在台北國際會議中心使用率不高，取而代之的是國內商品及家具相關展覽，盛況不再。而一大堆技職學校，如今才來設立國際會展系，更是時空錯置。

比之於其他國家目前先進會議中心的所有專業人才培育，如：國際行銷、同步口譯、會議行政專才等等，我們若設會展科系，真正見過大場面的師資幾乎完全沒有，不是完全沒有會展經驗的老師，就是只有辦過國內少數幾場中小型會議經驗的專業人才。

試問，沒有國際人才挹注的國際會展系，如何帶動台灣會展產業走向未來？但是，我也不是完全反對政府試圖努力的動機，至少目前編列的預算比過去大幅增加，加上南港展覽館的完成，陽明山中山樓也考慮規劃為國際渡假會議中心。

然而，各城市目前正在建立的大量體育場、大小巨蛋和流行音樂中心，將來如不做整體行銷規劃，勢必又是蚊子館林立。可是，若以此為目標，所有的教育就必須以**更國際的眼光、更高的高度，有計畫地培訓人才**，但台灣真的準備好了嗎？

問題五：教授治校與校園派系化

當科技大學湧入各類「學術型」老師時，勢力龐大的學術界老師，打著學術自由化的旗幟，由教授主導教學內容，科技大學就變成教授選擇他會教的課程，而非市場需要的課程，當然會和現實需求完全脫節。

尤其，為了防堵過去大學校長由政黨官派的積弊，現在台灣校園實施「校園民主」、「教授治校」，卻讓校長從官派擺盪到另一個極端，產生了強烈的教員保護主義，以致於校長還要討好教授。

難怪有位國立大學校長無奈地說：「我真正能管到的人，只有我的祕書室和工友而已！」

照理說，好的校長必須經由全球覓才、找到最佳人選，但現今的大學校長遴選，卻不幸總是看到拉幫結派；校長靠老師投票遴選，表面上雖有遴選委員會，實際則是由部分教授掌控主導權，也就是只看人脈淵源，挑選對自己最有利、聽話的人。

之後，不同派系因為危機意識，進一步整合成不同勢力集團，甚至互相傾軋、內鬥，寸步不讓，有時連校長都因為杯葛延宕而難產，最後不管哪一派贏得勝利，犧牲的終究還是學校與學生。

浮濫的技職學校將被逼著退場

如果連正常的研究大學都如此，我們如何期待一個國際級學術地位的校長，願意來台灣發揮所長？這種局面，又如何期待技職大學的校長，起身改革技職教育？技職教育怎麼不會走偏，演變成一個自我封閉的結構？而且，最後評鑑老師是否適任的標準，仍是看分數，即使這些教授沒有本事，也沒有更合適的退場機制。

我在本書序言一開始提及的「教育氣球爆炸」，絕非危言聳聽。在很多場合，我也大膽藉機向政府各級首長請益、建言：科技大學如果不趕快轉型，勢必造成新一波教育體制大崩盤。

其實，台灣的教育已經由「賣方市場」走向「買方市場」。過去大學稀罕，學生拚命擠入大學窄門，學校以為開了就有人來讀。這個盲點引導他們往「非理性擴張」的方向疾走，結果自食惡果。

多年前，我受邀到偏鄉一所私立技術學院，對全國技職教育相關人員演講。這所學校原本預計招收一萬人，實際才收到五千人，學生原有七成外地人，之後降為五成，但這並非推廣本地學生投考成功，而是地處偏鄉，外地生已有更近、更好的學校可選。學校無法建立特色，也是招生不足的主因。

台灣教育市場已由賣方市場走向買方市場。

隨著少子化，新生入學人數愈來愈少，這類技術學院的學生人數一定還會再萎縮。當年教育政策的錯誤，製造出一大堆不必要的大學，將來都可能因為招不到學生而被迫關閉，差別只在早或晚而已。

強化體質才能競爭未來

為了解決問題，當時也曾有部分有識之士主張，開放陸生來台就學，卻引起政黨間很多爭論。

講一句不客氣的話，我們若有本事收到大陸學生，還值得佩服，表示我們提供的教育水準優於大陸；但大陸這幾年，高等教育機構同樣快速擴張，大有供過於求之勢，大學錄取率也急速增高，大陸學校消化自己的學生已綽綽有餘，陸生何必跨海求學？

況且，如果我們的教學體質不改變，教學內容沒有競爭力，人家為什麼要來？期待陸生來填塞台灣學生空缺，是一個非常荒謬的期待！

當時我便想，如果科技大學夠專業，就連外國人都會有興趣來這裡學；

要是沒有足夠的內容，連台灣學子都會棄之而去。甚至，還不必等到逐年下降的出生率影響台灣的大學關門，光就業市場真正的需求，就可以逼這些名實不符的學校現形、退場。

當就業市場開始對有一技之長的人才頻頻招手，而不再是高學歷的博、碩士生；又或者，當學生發現，大學技職教育一再充填無用的課本內容，沒有實際技術訓練，更不再能提供他們未來生活的保障，讀書的貸款又太過沉重，經過仔細精算，就會提早決定：「碩士、博士我不讀了，無用的科技大學也不讀了，反正將來找不到工作，**不如我好好去學一技之長，學會一種可以隨身帶著走的競爭力**」。

早知最終須退場，何必當初亂升格

二〇一一年《教育應該不一樣》出版之後，社會各界對技職教育亂象已經普遍有所共識，原本拿不出任何作為的教育部，也在各界壓力之下，於二

> 倘若我們的教學體質不變、教學內容沒有競爭力，卻想藉陸生來填塞台灣社會少子化後的學生空缺，將是一種荒謬的期待。

〇一三年訂出私立大專院校退場四指標，包括：學生人數不滿三千人，且近兩年新生註冊率低於六成、校務評鑑未過或三分之二系所不合格、積欠教職員薪水累計達三個月以上、有淘空校產或買賣董事席位等違法事實。

只要符合其中一項，限期之內無法改善，就以解散、整併或轉型的模式退場。

二〇一四年，高鳳數位內容學院、永達技術學院從台灣消失，走入歷史；同年底，教育部更決定，計劃在五年內，將大學由二〇一二年的一百六十二所減至一百所。換句話說，大約有六十所學校將會消失！同時，研擬「高教創新轉型方案」，輔導大學轉型或退場。

除了高鳳、永達兩所學院以外，其實另有六所已經在監控中，這六所都是「人數不滿三千人」且「報到率不到六成」、隨時可能引爆的地雷學校。

但是，此時似乎也為時已晚。早知有今日下場，當初又何必胡亂升格？

在此，我想提出一些個人的淺見。

從現在開始改變

我實在非常不忍心，也深深感到抱歉，對技職教育的現況如此疾言厲色地批評。其實，我非常看重台灣的技職教育，而且我相信，只有將科技大學以學術為導向的幻想完完全全戳破，才能強迫學校、老師改變教育方法，改變結構。

針對前述我看到的技職教育弊病，在此我想試著提出幾個可能的救治之道：第一，堅持核心優勢；第二，從「學」到「術」，設立雙重門檻；第三，建立專業尊嚴及標準。

如果想要矯正技職院校過度往「學術」傾斜，卻輕忽了基礎技能的毛病，我覺得，配合我們的優勢，一定要從「學」走回到「術」，再走到「藝」，才能實現。

如果學生不動手實做，將會對事物毫無感覺，只能依靠來自書本的知識。而這個「術」，不只包括了「技術」，甚至還包括從技術往上提升，到更精深的「美學與藝術」。

方法一：堅持核心優勢

以開平餐飲學校為例，開平原本是最早被政府導向要轉型為綜合高中的高職，但它最後卻主動放棄了。雖然開平在設備和教學內容仍有進步的空間，國際化也有待加強，但他們摸索市場，然後跟著市場走，勇敢捨棄之前一堆雜七雜八的綜合課程，專注在餐飲之中。

技職教育只要「一念之轉」，就可以不一樣。在如此小的校區規模，沒有政府資源挹注，卻也弔詭地不受政府束縛，緊緊守住自己的核心優勢，禮聘業界一流的教師與總經理，每年的招生不但不成問題，還是許多熱愛餐飲工作學子的第一志願！

為什麼我說，台灣的技職教育只要「一念之轉」，就可以不一樣，以我熟悉的餐飲業進一步為例說明。

早在三十多年前，我就主張「中餐是重要的文化資產」，因此一九八〇年我便發起舉辦第一屆「金鑊獎」，邀請國內外一流的美食家、名記者，共同發掘、鼓勵台灣年輕有才華的廚師。

因為，我早就看出，中華美食一直是我們的強項，但必須要闡揚背後代表的意義，同時加以國際化，提升到更高的美學層次。

綜觀過去幾年，在美食節目推波助瀾、吳寶春效應下，再加上許多餐飲品牌西進成功，回台掛牌上市吹捧炒作，「餐飲服務」及「觀光類別」儼然成為年輕人第一志願的首選，而政府也同時一窩蜂開放餐旅學院改制升格為大學。表面上，這似乎是餐旅行業、文創產業的一大躍進。

> 台灣的技職教育，只要一念之轉，就可以變得不一樣。

然而，當我們將眼光調轉到國際，看到日本菜長久以來已成為「亞洲菜」的重要代表，新興而起的泰

> 從下到上，教育政策的每一步，都必須有意識地翻轉改革。

國菜、新加坡菜，都找到自己的特色而急起直追，台灣菜卻一直進不了國際級的飲食殿堂。

我們應該仔細想想，在這些炫目熱鬧的氣氛之外，什麼才是台灣獨特的飲食及文化？

如果我們真心認同「中餐是重要的文化資產」，以「宣揚台灣美食」及「文創產業」的角色來定位餐旅時，落實在人才培育上，就必須有意識地在技職教育時扎根奠基，因此課程設計、師資、教育藍圖、產業政策方向，都將連帶要重新定位，共同將中餐推向國際。

在就業市場上，當我們將台灣餐旅格局拉高到以國際市場為目標時，廚師除了高超的烹飪技巧以外，其他諸如外語能力、美學素養、技藝創新、行銷能力，都必須重新規劃。

從下到上，每一步都必須有意識地翻轉改革，這些事關乎教育政策通盤的檢討設計，但如果還停留在舊思維框架，盲目擴班、搶學生，卻沒有深思到底為什麼拚升格？升格的意義是什麼？最後可能培育出一批批空有大學文憑的學士，卻無法讓台灣成為中華美食的培訓基地，這有何益？

一念之轉，豁然開朗。

再來看看舉世知名、聲譽卓著的瑞士餐旅學校，一般都是延攬聲譽卓著的飯店總經理和副總，擔任校長或副校長，讓他們以業界的眼光領導校務，維繫一流的教學品質，大量促進與飯店業密切交流，順勢造就學生的未來，業界也據此評鑑一個學校的好壞。這種餐旅學校的核心優勢，自然無法取代，隨時代進步更加屹立不搖。

台東也有一所一九六〇年初，由來自瑞士白冷會的神父錫質平（Fr. Hilber Jakob）創辦的「公東高工」，設校至今，以培養優異技術而聞名，直到現在，仍經常囊括全國技能比賽冠軍。

之所以能夠如此，原因無他，只因在五十多年前，錫質平為了讓台灣最偏遠地區的學生脫離貧窮，擁有比西部學校更好的競爭力，除了硬體建設，同時從瑞士與德國帶來二十位世界級工匠師，以志工方式為台東學子教學，他們建立的傳統與撒下的技術種子，如今依然遍地開花。

五十多年前，一個西方神父都看出的解決辦法：「找最佳的師資到最偏遠的地區，提升當地學子的優勢競爭力」，何以我們的政治人物，到現在還不懂！

方法二：從「學」到「術」，設立雙重門檻

從「學」到「術」，兩者均衡，這得同時對老師及學生設立一種雙向的門檻。

如果我是技職學校的校長，必須認清自己的優勢和價值。職業院校要有自己的尊嚴和信心，任何學術界老師想進技職體系，並不是無條件接受，照單全收，甚至引以為殊榮。

如果今天一位聲譽卓著的學術型大學教授，要到以餐旅見長的專科學校教市場行銷，對不起，他得證明自己曾在業界服務、市場歷練過，或要求他在兩年時間內，利用寒暑假，到各餐旅相關產業補修業界學分。

再例如：一位外文系教授要教「應用英語」，他必須曾在五星級餐廳或旅行業實際工作，最起碼曾在業界做過深度觀摩學習，才能熟悉業界的行話，否則他怎麼教學生看菜單、點菜？教行銷要去業界看真的行銷推廣什麼，否則怎麼教？不能只有行銷理論，那跟實務沒有關係。

技職學校不能被只懂書本理論的博士所壟斷，學生也不是誰考高分就敞開大門，提供豐厚的獎學金，張臂歡迎。

技職學校不能被只懂書本理論的博士壟斷，對於學生也不是誰考高分就張臂歡迎。

我始終覺得，技職學院收一般高中畢業生也必須設立一定條件。現在，我們常聽到某某技職學院，招收到捨棄第一志願的學生，便覺得很有面子，大肆宣傳其辦學績效卓越，但我的看法剛好相反。

如果一般高中畢業生告訴我，他喜歡餐飲，那我認為他必須能夠向我證明自己真心喜歡餐飲。好比曾在飯店打工若干鐘點，並附上扣繳憑單，寒、暑假累積的時數超過半年、一年以上，對食材的敏銳度、餐飲的概念均有相當了解，而且經過負責的廚師背書推薦，這才表示他是真心喜歡。

這樣，老師教的時候，才不會讓一群有高職實務基礎的學生，被迫要跟另一群沒有基礎的學生一起，從頭再學一次原來已會的技術。這是另一種教學浪費，另一種不公平。

同樣，很多專業老師有機會從業界到學校，就打定主意一輩子蹲在校園當老師，這根本是錯誤觀念。

專業老師的競爭力，不在他們多會寫論文、多會教學生考證照，能否回到業界才是他真正的「升等考試」。如果學校的業師出去都找不到工作，沒辦法證明可以在外面生存，就代表他的東西已經落伍了，他的學生又怎麼會有前途？

我絕對不相信，一位業師可以一教十年，且十年前的東西，還可以趕上現今業界水準。因此，**輪調和磨練才是最好的策略**。好比，在學校教餐飲的業師，可以跟夠水準的餐廳與飯店合作；兩年教職告一段落，就到飯店擔任副主廚，而五星飯店的副主廚則可到學校當老師。

依據我經營亞都飯店的經驗，聘用外國廚師，通常每次都只簽兩年合約，兩年後表現良好，頂多再續用一任。第二任期滿，我絕少續約，目的就是要逼他們回到原生的土地學習新東西，並找新血進來。

這樣的交流，老師等於替他的學生造就未來，因為技術和人脈都已經預先鋪好路，知道業界需要的人才，也培養出適性通才的學生。

對業界來講，許多時候，讓飯店的廚師去學校教學，可以趁勢將底下的人擢升上來培訓，也可以讓原來在工作崗位的廚師有歇息的機會，藉著教學重新整理自己忙碌工作中無法思考的心得，甚至利用學校管道充實自己的不足，即所謂「教學相長」。

> 當一個人逐漸摸索，導向自己最合適、最喜愛的事，就會以自己的工作為傲。

這樣，大家都可以輪調，從學校重新進入業界的老師也可以引進優秀的學生就業，大家互相學習交流，如此才能夠全面提升技職與業界的水準。

假設職校有自信、有願景、有明確方向，堅持自己的風格，如此一流的師資，加上深愛這項專業的學生，我覺得這所學校一定會成功。

方法三：建立專業尊嚴及標準

當技職體系以上述專業，高度自我要求之後，才能進一步以藝術的高度來看自己。

好比德國教育體制，從小學四年級開始，就要做性向分析（目前出現另一種看法，認為太早分流，已提升到更高年級分班）；而德國聯邦法律規定，職業學生必須到業界當實習生。

之所以如此，是因為德國的技職學校認為，學校的工廠設備一定比不上業界最新設備的競爭力，所以早早將學生送去，讓學生不斷嘗試，才能找到最適合自己的工作。

此外，同樣重要的，就是要建立「專業榮譽感」（Professional Pride）。因為，當一個人逐漸摸索，導向自己最合適、最喜愛的事，就會以自己的工作為傲。

開挖土機其實是需要很多技術的工作，我每每在工地看著他們，如何技巧地操作機器、如何在險坡上精準開挖、搬運、移動，無所不能，讓我看得嘆為觀止。

可是，相對來說，這份工作，也有它的危險性。

在台灣，我們看到的操作員，大多穿夾腳拖鞋、嚼檳榔，但在德國、美國、英國、加拿大等先進國家，都有非常嚴格的工安規定，一定要穿戴硬頭靴子、工作服、頭盔、眼鏡等。

假如我因為當工人，無法建立自己的「專業尊嚴」，覺得做工可以隨隨便便，那這張證照又有什麼意義？

我覺得，將來如果不按規定，或許連證照都可以吊銷，這樣才能逼他們更加專業、做事更標準化，大幅減少工安傷害。

專業人才，物以稀為貴，將來他們的待遇一

學校應該讓學生能夠依照興趣，排列組合想學的東西，由被動、無方向的學習，轉換為有目的、有意向的學習。

定會更高。

> 只有將科技大學以學術為導向的幻想完完全全戳破，才能強迫學校、老師改變教育方法，改變結構。

三井日本料理黃奕瑞給我的啟示

我曾有一個機會，跟三井日本料理的老闆黃奕瑞結識，他的故事給我一些啟發。

今年才四十六歲的他，灰白的頭髮，透露著他年輕拚搏的痕跡。他的人生從小小的花蓮縣吉安鄉出發；十三歲，小學才剛畢業，因為實在對學校的枯燥課業提不起興趣，感覺故鄉人生似乎沒有什麼希望，於是口袋裝了新台幣兩、三千元就離開家鄉，隻身到台北打天下。

他先透過朋友介紹，暫借工廠棲身，然後開始在日本料理店當「囝仔工」（童工），從洗菜、洗盤子等工作開始磨練，展開他的習藝生涯；十年習藝有成，成為師傅。

二十四歲，他拿出辛苦兼差攢來的積蓄標會，創立了一家屬於自己的日本料理店。十多年拚搏有成，現在，「三井」已成為台灣高級日本料理名店之一，旗下四家店，幾乎天天滿座，年營業額超過新台幣六億元；近兩年，他又進一步承租政府數度發包不成的濱江市場，邀請知名設計師陳瑞憲，打造上引水產，成為台灣國際飲食觀光的新地標。

原本連初中都沒辦法念的他，現在在EMBA班上課，換另一個視野重看自己的企業；過去，小學換了三間才畢業的他，現在可以談PH值，滿腦子化學知識，也可以頭頭是道講述食材由攝氏零度降到零下七十度的各層次變化，了解過去不明白的化學、美學。

學校必須要能提供更多教育產品

學徒出身的黃奕瑞，從未停止實務學習，且更懂得善用他人的優點與智慧；他不再為混文憑或學歷讀書，只為了求真知去讀書，對知識的狂熱是他自己無法想像的。我認為學校也應該為黃奕瑞這種「準備好學習的人」，隨

> 教育必須是為青年人照亮未來的探照燈，而非重複過去的後照鏡。

時敞開大門。

當教育從賣方變成買方市場，我覺得，將來學校的定義也會改變。很有可能，未來學校必須產出、提供更多「教育產品」，學校必須要有各式各樣的教學元素，以更多元的方法啟發孩子。

假設我們在政策上有更多元的教育產品出來，學校就會不一樣。所有學系、學門，最後將被放在百貨公司的貨架上陳列，讓消費者（學生）自由購買，優勝劣敗，最能滿足學生需求者就能存活。在這樣的學習百貨公司裡，我不是指教學商品化，或是藉名聲販賣學歷，而是指學生可以按興趣，排列組合自己想學的東西，**由被動的、無方向的學習，轉換為有目的、有意向的學習**。

譬如說，廚師也可以選化學課程；文科學生可以修古典物理；設計系學生可以讀材料化學等；學生可以針對自己的興趣，進行「跳躍式」、「點菜式」的學習，最後有沒有一張學歷已經不重要。甚至，學生可以只選某個學校、某幾位老師的某幾門課，這時，優異的學校就有競爭力了；當然，每個老師也必須更有競爭力，因為那些無法吸引學生的實務教學，或是無法引導學生深入研究的教授，將被迫面對更白熱化的競爭。

或者，學校不只像百貨公司，如果用「書店」來比喻更好，因為你不可能將書店的書全部都看完，而且你現在可能專注眼前工作，日後回過頭來，有需要時，隨時都可以繼續學習，而且更明確知道自己要什麼。

學校不是學術雜貨店，應該是專業書店

校園必須為學生永遠敞開大門，不只是黃奕瑞，我認識多位名廚，其中不少人從小就被老師認定是不愛念書、不會念書的孩子，於是早早被老師放棄，得不到關愛眼神。但，這些廚師離開學校，奮鬥多年，有了自己的天地之後，反而為了求取新知，讓自己更上層樓，重新回到學校，補修過去一時錯失的學習機會，重燃起對知識的狂熱！

所以，我們要告訴學校和老師，如果你的學校陳列的都是雜亂、甚至過期的產品，你只不過是個學術雜貨店，但如果你是「專業書店」，等於挑出了特定族群需要的項目，這是關鍵，你可以規劃最好的產品，凸顯學校存在的珍貴價值，否則就得被迫下架。（以上為針對技職教育的看法，對於學術性大學，各領域自有其學術必要性，個人不予置評。）

當我們的老師沒有好的挑選機制，也沒有合適的退場機制，這時候就要靠學生了。

如果學校沒人念、課程沒人選，勢必遭到淘汰，好像書店一樣。你不夠好，沒有辦法讓學生感到你的不同，那你就被淘汰了。因此，所有的學校不再是販賣學歷的學店，而是回到最原初的本質：知識的傳授、品格的培養、技藝的學習，讓所有身處其中的人，如沐春風。

教育必須是為青年人照亮未來的探照燈，而非重複過去的後照鏡！

我在前文提到技職教育的救治之道，必須由「學」走回「術」，這個「術」不只是技術的「術」，還更應該提升到藝術的「術」。

台灣很多高職設有美容美髮科，目的是培養高職學生剪髮、洗頭等基本技術。基本技術訓練固然重要，但若只有技術，只能停在「匠」的層次；如果能夠完全照顧客的期待剪髮，那他就進步到「師」的境界；但是如果他能成為顧客髮型與造型的設計師，他就加入了美學的藝術。

因此，我們要培養的，應該是將「匠」，進一步轉變為「師」，最後變成「造型設計師達人」。其間的差別，在於這位設計師有沒有更高遠的生活品味、審美能力以及藝術涵養。

我在「肯夢學院」，看到另一種髮型設計師不一樣的養成過程。

二〇一一年三月的一個晚間，台北市仁愛路四段巷內一棟有著大片落地窗建築的一樓，傳來陣陣歡呼聲，這一天是「肯夢學院」第四屆畢業典禮。

從美髮素人變髮型設計師

八位畢業生以「髮型設計師」的身分降臨地球，改造來自不同行業的平凡上班族。這次畢業秀的主題是「讓人變美，是世界上最美的事。」

但變美的不只是這些模特兒，如同染髮老師Rita說的：「今天的主題雖然是改造地球人，但我覺得改造最成功的，是髮型設計師自己，因為他們完全變身，全身彷彿撒滿金光，耀眼奪目，令人不敢逼視。」

眼前這八位畢業生，來自各行各業，他們原本是麵包烘焙師、壽險工作者、專櫃服務員、行銷主管、數學系畢業生……，然而，經歷十個月、總計一千五百四十個小時、專業而系統性的魔鬼訓練，以及前後兩百位真人練習，他們從一位原本沒有任何基礎的美髮素人，蛻變成有主張、有意念的美髮設計師。

肯夢學院創辦人、一頭銀髮的朱平笑著說：「肯夢，就是肯做夢！我每次走進這裡（學院）都好開心，我看到他們都自己做決定、自己負責任。在長年的制式教育裡，很多年輕人做了很多努力，最後只為滿足爸媽的期許，結果自己的想法都不見了。」他一路細數著前幾屆三十多位畢業生，有的繼續到美國進修，有人三五好友一起開沙龍，有人考進肯夢美髮沙龍工作。

肯做夢，讀書可以是快樂的

當年二十七歲的BOBO，頂著一頭橙紅色頭髮，她在模特兒頭髮上安插銀色造型的兩隻手，攀在髮飾之間，彷彿要摀住耳朵似的，BOBO說：「我的創作理念是，不要再聽別人的聲音，要忠於自己內心，自己想要的，一定要勇敢爭取、勇敢接受挑戰。」

她父親對女兒的期待值，只有公務員、老師或護士三個選項，可是她在台北念普通高中，功課的挫折讓她幾近憂鬱，「每天坐在教室，完全不知道自己在做什麼！」之後，她說服家裡讓她降轉高職觀光科，重讀一年級，因為學校小，她的底子不錯，很快囊括各項比賽名次，也考取三張證照，「那是我第一次發現，原來讀書是快樂的。」

之後，她考入全國知名的餐飲大學烘焙管理系，畢業前被分派到五星飯店麵包坊實習，卻發現在烘焙廚房與麵包為伍，並不是自己真心追求的人生目標，她開始想要轉行。

後來，她找到肯夢，在漫長的學習過程中，她也想過自己是否太衝動了，「尤其最後三個月，歷經兩百位真人實習，你剪得好不好，全都可以從他們的臉上看得出來，看到別的同學剪得那麼好，那種壓力真的非常、非常大。有時回家偷偷哭一哭，隔天又繼續回來學習。」現在，她準備考美髮師。

人生永遠有更多可能

來自宜蘭單親家庭的小可，穿著打扮十分有型，商專國貿科畢業的他，之前曾是連鎖服裝店的銷售天王，然而工作多年，在服裝銷售、展店能力對他已不具挑戰性之後，他開始想，人生是否有其他可能。他的頭髮向來很難整理，有一天小可在肯夢剪頭髮時，看到招生簡章，頭髮剪完，他也立刻報名。

聽來衝動嗎？小可說：「真的，剛開始很開心，但學到第四、第五個月，我發現我的手跟不上我的想法，很痛苦、想要放棄，但是肯夢鼓勵我做具有挑戰性的事。」

或許，是天賦加上努力，小可成為這屆畢業生的第一名，雖然他也是貸款來學美髮，但他說：「用三十萬換我的新人生，值得！」

謝謝願意支持的家長

一些肯夢學員放棄原有基礎，決心追夢的背後，背負著親情撕裂的重擔，以致於朱平看到來觀禮的家長，就會相當興奮地說：「其實很多父母仍舊看不起這個行業，這些能來分享孩子畢業典禮的家長很了不起，很不簡單。」

他一一向學生的家長、親人致意，同時邀請他們上台致詞。

由宜蘭趕來參加畢業典禮的小可媽媽說：「有一天，他說有事找我商量，然後告訴我說：『我想學美髮，這是我從小的夢想。』他從小就很獨立，我相信他，也支持他。」小可聽到母親這段話，一個大男生早已哭成淚人兒了，內心的感激不可言喻。

超越陳規，成就一家之言

肯夢的學生，沒有一個是科班出身，但因為他們之前累積了一定的社會資歷，才跳進這個行業，往往後來爬升得很快。美髮、美容，本來就不只是剪髮、洗頭，而是對人的外表重新塑造，進而影響內在。

當美髮師有了社會歷練，具有圓熟的社交能力、生活品味，能很敏銳地掌握不同的人適合什麼樣的髮型，便很容易從匠的層次轉為師，再提升自己成為髮藝達人。

如今仍有許多年輕人滿懷鬥志踏入肯夢的大門，這個例子提醒我們，技職教育應向上追求更高的核心價值：**「匠」已不足，「師」或能成器，但只有「造型設計達人」才能成一家之言。**

延伸思考

一個大膽的嘗試 國際學校結合在地化及國際化的構想

前文我已指出，台灣「近親繁殖」的土本教育、畫地自限的鎖國心態、少子化加上盲目擴張的大學，我們勢必無法逃避，必須面臨學校倒閉的未來現實。

不願坐等「氣球爆炸」

與其等待這個必破的氣球不知何時爆炸，為什麼我們不以更宏觀的眼光，將危機轉變為契機，及早將這些已經投資的硬體、充沛的師資轉型，預做準備。比方說，我在《我所看見的未來》提到，可以利用我們的優勢，將台灣打造成「亞洲瑞士」，也就是國家不大，卻是許多專業技術的培育中心，例如：世界中餐廚藝的教學研究中心。

花蓮原本的師專，現在併入東華大學了，花師在市中心留下龐大的硬體校舍；台東師專併入知本校區之後，市中心也空了一大塊地。這兩塊地，如果政府可以釋出，開放給國際間聲譽卓著的國際學校教學系統來台灣合作設校，就可以成立以此為號召的「國際雙語學校」，同時向本地及國際招生。

我的構想是，國際學校的學生比例，三分之一是外籍學生、三分之一是來自華人社會的學生、三分之一是本地學生（包括：原住民學生、在地學生）。同時，我們可以效法瑞士，提供本地學生減免學費優惠，因國際招生而來的錢已足以養這所學校了。

活化資產，自給自足

台灣在中華文化素養上有深度，但國際觀不夠，我們可以以現有優勢為基礎，同時補足國際化不足的部分。

事實上，現在很多有能力的台灣家長，為了讓孩子更有國際競爭力，都把小孩送到國外讀書，但往往孩子習慣國外生活方式，完全西化，失去對自己文化的認同而不願回台了。假使台灣能邀請這些世界級的寄宿學校品牌合作設校，由台灣負責華語與文化教學，對方負責與國際接軌的國際教學，相信那些家長自然會將小孩留在台灣，就近學習。

甚至，一海之隔的大陸人士，也可以將孩子送到台灣來，既可以學到最好的華人文化，又可以就讀跟全世界接軌的英語學校，將來也可以申請任何國際知名大學。

在中華文化的深度上培養國際觀

在國際學生方面，單只是目前在中國及亞洲的國際專業人士，就有無數家庭面臨同樣問題——在大陸各地的外商子女，其受教就是一大問題，他們願意將孩子送到這樣的文明社會，既可以學華語，又可以學英語，而且完全與國際教學接軌。而本地偏遠地區的小孩，原本是封閉的，也可以要求學校，必須釋出若干低學費名額給本地學生。

這樣的國際學校，可以為他們創造多大的刺激及國際化的未來。發揮中華文化的優勢，以及補強英語教育的弱勢，是台灣設立國際學校最強的動力。

國際學校的構想，可以跳開台灣出生率的思考，向世界招生。一方面，可以為將來勢必面對的多餘學校，試驗一種可能的轉型與退場機制；同時，也可以藉由國際學生來到台灣學習，為台灣年輕人營造國際化的學習環境。

但是，無可避免的殘酷事實是，在這個教育已經沒有國界的環境，各國也同時在向台灣的學生招手。最新資料顯示，台灣目前每年已經有上千位學生，選擇直接跳過台灣的大學教育，直接到國外就讀。

台灣的大學如果無法保持自我的優勢，不但沒有辦法招募外國學生，恐怕連本國學生都將自求出路。

設法與世界接軌

以上建言，看來短期間政府做不到；即使做了，如果主辦人員沒有國際視野，沒有國際教育連接的經驗，勢必也無法實現。

如今，我們公益平台及台東均一實驗高中的夥伴們，正在花東偏鄉，將這樣的理念及精神先做試驗，並開始與國際接軌，希望在未來的探索中，能夠得到具體的成果，我想未來新書將有更多著墨與探討。

第6章 我們都是選民，更是公民

監督教育政策是責任，也是權利。

大家不要再逃避，
我們對台灣的教育、媒體及政治發展有絕對的責任，
不要認為自己有無力感，
改變的起點以及真正的力量，
其實就在我們自己手裡。

我們是「公民」，更是民主社會的「選民」。

前面我提到給老師、家長、年輕人的幾個觀念，接著我想指出我們的另一個角色：「選民」，以及選民的判斷力及影響力。

每個人都有改變社會的力量

一個成熟的、有現代文明素養的公民，是民主社會的基石。台灣現今的教育亂象、政策荒腔走板、缺乏監督，何嘗不是源於我們公民教育的失敗，因為我們身為家長，亦為公民，從未認真意識自己的職責所在，從未發揮我們的力量。

我們是公民社會的「公民」，也是民主社會的「選民」，**肩負著改變社會的原動力**。台灣年年都有選舉，在這個選舉掛帥的年代，所有政策的制定、討論到執行，其實都在「**投選民之所好**」，所謂「民之所欲」常常牽動政策走向，為了選舉，「討好選民」往往成為最簡單的快速之道。

坦率地說，在這種媚俗的政治氣候下，大部分選民都是政治人物極力討好的對象，因此，如果我們很明白標舉我們對教育的期待、對教育的需求時，當然也就能夠引導他們往這個方向走。

於是，在此我們要來討論「家長／公民／選民」多元一體的身分。畢竟，我們的公民教育及判斷力，究極而言，形塑了我們當前身處的環境，也最具體影響對孩子的身教，教育當然也不例外。

政治人物只經營現在，沒有經營未來

從另一個角度看，隨著教育普及，我們的平均教育程度早已大大提升，也到了應該發揮影響力的時候；我們必須以家長的力量，要求政策制定者，為孩子謀求最大的福利。我們期待一個負責任的政府或民意代表，必須比選民更早發現問題、預見趨勢、擘劃大局。

很遺憾，舉國上下如今所有能在官場生存下來的首長、官員及民代，絕

> 我們是社會的公民，也是民主社會的選民，肩負改變社會的原動力。

大部分都被迫必須學習媚俗、討好民代、討好選民，難怪他們只願意花力氣經營「現在」，沒有遠見經營「未來」，放任問題如氣球不斷膨脹。

我們看到，最有人氣的立委是懂得「深耕」地方，以紅白場應酬、跑攤為榮，而不必將能力展現在政策、法案的制定修改，或思考國家社會的走向。而各級民意代表，最普遍的形象是以驚悚、無意義的標題，霸占發言台，對著官員急吼拍桌，搏取新聞版面與知名度，表現出的盡是對社會最壞的教育示範。

當政治人物習慣以吼人當成權威的展示，或是將要特權變成一種榮譽，我們看到的，其實是一個沒有自信的政治人物，他不尊重自己的專業，也羞辱別人的專業。但當這類政治人物不斷連任，這難道不是出自選民的縱容？

當這些惡形劣狀的鏡頭，成為媒體最喜歡捕捉的畫面時，當然擠壓了專業負責的民意代表的空間，好的政策討論也沒有抒發的管道，無異造成劣幣逐良幣的現象。

最近出現很多校園霸凌的新聞，但這種議會文化不正也是一種「霸凌」？這不只是對官員的霸凌，究其本質，更是對所有選民的霸凌，對所有教育理念的霸凌。

做個具有現代文明素養的公民

面對這種「霸凌」的議會文化，誰願意毫無自尊地站在台上，被公然凌辱？這勢必使優秀人才視進入仕途為畏途，又怎麼可能會有好公僕？我們容許民代無意義地羞辱官員、是非不分時，如何期待好的人才會有心做好這些工作？

但是，當我們不斷檢討民代的同時，我們更需要將批判的矛頭對準自己。因為在過去威權時代，黨政樹立和規範了一切價值觀，但當台灣社會進入民主化時代，經過一段時間的脫序、混亂，之後要靠誰來建立新的規範？追求什麼典範？樹立什麼樣的價值？這些全部都必須由人民（選民）自己決定。

隨著家長、選民平均教育水準的提升，照說社會應該可以展現更強的是非判斷力、對錯誤的制衡能力，但事實上卻並非如此。

那麼，什麼叫做「現代文明素養的公民」，我在此試舉幾項標準：第一，傾聽；第二，尊重；第三，明辨是非；第四，以開放的心態觀察世界和未來。

素養一：傾聽

首先，我要說的是，台灣是個「**不會傾聽的社會**」。因為不會傾聽，就不能從別人的經驗吸收到新的東西，所以只好用刺激的東西來滿足。

大家都有一種共同經驗，我們常看到某些大人物在台上演講，台下嘰哩呱啦聊自己的事，根本不在乎台上講什麼。有趣的是，等到原本台上的講者下台後，他竟也開始和旁人交頭接耳、大打招呼，絲毫不覺得有錯。

講者跟聽者顯然一致認為，上台講的都是例行公事、場面話而已，聽不聽沒關係。既然如此，那何必浪費大家時間？這種在任何一個國際場合、文明社會的基本尊重與禮節，在台灣卻是完全不被當成一回事。

想想，這個「不傾聽」的積習，不是從小養成的嗎？父母不傾聽自己的孩子、老師不傾聽學生、學生不傾聽大人嘮叨，選民當然也不傾聽政治人物的治國理念……，所有人似乎急切張著嘴批評，又忙不迭地關上了雙耳，變成一種惡性循環。

傾聽必須從小學習，這是現代公民素養的第一課。

素養二：尊重

其次，**我要提到「尊重」**。因為不懂「傾聽」，連帶也不會尊重和自己差異的意見。

台灣經歷了這麼多年的民主選舉，可惜我們在民主化之後，卻不夠了解民主的深度，沒有一種共同追求共識的能耐和胸襟，往往遇到意見矛盾衝突，雙方的第一個念頭全是「為什麼他要跟我不一樣」？而不是「我為什麼不能跟他一樣」？或是「既然有不同，我們如何找到共識」。否則，至少也該做到「我未必同意你的看法，卻也尊重你表達的權利」的基本素養。

素養三：明辨是非

公民素養的第三課，是**「明辨是非」**的能力。

我們常看到「只問立場，不問是非」的現象，這也是許多電視名嘴、政府官員以及民代，發表公共言論時經常展示的樣態。我認為，現代公民必須有「明辨是非的能力」。

如果說知識是一種力量，在知識普及之下，知的力量能否轉移成判斷力和實踐的動能，就顯得極其重要。

特別在全球化的當下，如同英詩中說的：「沒有人是一座孤島。」（No

man is an island.）每個人並非孑然獨立，每一件作為或不作為，都互相產生影響，無可逃脫。

家長要了解，政治人物最終在乎的，還是我們手中的選票，因此我們對教育理想的期盼，必須轉換成對政治人物實際的要求，逼他們拿出真正的願景、遠見及實踐能力，採取行動，才有真正的意義。

素養四：以開放的心態觀察世界和未來

最後，世界不斷繁衍變遷，任何一個人都要保持**「以開放的心態觀察世界和未來」以及「與時俱進」**的學習能力。

好比，三十多年前，服務生根本就被視為是「跑堂的」，當時很多爸爸、媽媽帶小孩去喝下午茶，即使年輕的服務生殷勤招呼，等到服務生一離開，父母就跟孩子說：「你啊，不好好念書的話，有一天就會跟他

如果不讓改革的聲音出來，就會讓媚俗之聲凌駕一切。

為教育把關，我們的社會需要思考與判斷力。

一樣。」

當年，一般人對跑堂、端盤子的人，就是抱持這種看法。然而，同樣情況在國外也許就會不一樣，父母可能願意多付小費，鼓勵敬業認真的工讀生，因為他們將這個工作機會視為一種歷練，是每個人成長過程中珍貴的歷程。

更何況，科技終會落伍，今日的發明可能變成明日的廢料，想想電報如何被Telex取代，而Telex又如何被傳真機取代，當我們還以為傳真就是世上最偉大的發明時，曾幾何時，傳真機都快變成上一代的記憶，現在年輕人都用電子郵件、玩臉書。

然而，服務卻永遠會被需要，尤其當它轉換成事業與自信以後，它已成為飲食藝術的專業表現，是許多年輕人願意嘗試的生活藝術。

時移事易，今天來看，很多服務業的精神，都成為其他行業重要的參考；即使是科技業龍頭，現在都開始講求服務的理念，因為代工不只是製造業，也是一種獨特的服務業。

台積電董事長張忠謀早就說過：「二十一世紀是科技服務業的世紀。」而美國知名的ＩＢＭ，也早已從銷售硬體的電腦商，轉型為提供「整體解決方案」（total solution）的企業，這些都借取了服務業的精神。從這些異業學習的例子來看，服務業早就不是「端盤子」、「跑堂的」淺薄層次了。

世況翻騰多變之際，家長過去的經驗值不斷遭遇挑戰，一味墨守成規注定要被時代淘汰。新一代的公民，必須有更強的知識裝備與終身學習能力。

補強傳統考試教育最欠缺的思考力

前面我稍稍列舉了傾聽、尊重、明辨及開放學習，共四大現代公民基本素養，然而，我最想要強調的，是由這四項能耐所培養出的「**思考力**」。

我看到一個很諷刺的現象，台灣早已經培育出一百萬個博、碩士，大學升學指考錄取率幾達百分之百。高學歷人口傲視全球的「教育大國」，為什麼教不出具有獨立思考、判斷能力的國民？因為，思考力正是我們傳統考試教育最欠缺的。

「**思考與判斷**」是一種細膩的心智活動，如同馬丁路德・金恩博士（Martin Luther King Jr.）所說：「我們整體教育及教養的目的，在於教育自己成為斟酌證據輕重、鑑別是非對錯、分辨事實與虛假的不同，具備獨立思考的公民。」（Education must enable one to sift and weigh evidence, to discern the true from the false, the real from the unreal, and the facts from the fiction.）。discern，意指識別、覺察，特別是那些隱而未顯的事物；從錯誤中找到真理，好比在一堆令人炫目迷濛的玻璃珠裡，挑選出真正具有價值的鑽石。

然而，過去我們在學校沒有教導慎思明辨的能力，也不鼓勵學生獨立思考。如今的家長、學校，似乎又讓我們的孩子重複走這條老路。這也說明了，何以我們會用自己手中的選票，選出那些自我感覺良好，卻目光如豆、不顧大局、對教育改革毫無作為的民代。也難怪，錯誤的民調、偏狹的名嘴、強烈預設立場的媒體，左右了輿論的風向，掌握了議題的詮釋。

換句話說，是我們大家沆瀣一氣決定了今天台灣教育的樣貌，是我們的選票選出一個又一個只相信硬體建設，不重視永續未來的民意代表，以及為一黨選舉策略，不問是非與專業、為反對而反對的民代，是我們縱容他們討好、作秀，占據質詢台，無主題亂吼亂叫。

當我們看不慣這樣的民代，那些真正關心教育議題的有心者卻得不到掌聲與鏡頭時，我們得回頭反省，是誰縱容他們做出如此錯誤的示範。說穿了，還是我們這些擁有選票及掌握收視率與訂報率的家長，該負責任的還是我們自己。

身為家長的我們，是一切改革的起點

有媚俗的選民，就有媚俗的民代，當政治人物、媒體都在媚俗時，便形成了一種畸形的社會價值觀。身為家長的我們，必須扮演平衡反制的角色，如果我們不讓改革的聲音出來，就會永遠讓媚俗之聲凌駕一切。

如何發揮公民力量監督教育、為教育把關，我們整個社會都需要「**思考**

與判斷力」。我在本章一開頭就提到，如果家長能夠很明白標舉我們對教育的期待、對教育的需求時，當然也就能夠引導政策往這個方向走。

因此，我們不要小看自己的影響力，家長也是選民，我們所做任何決斷、任何行為，其實都是在用行動投票。不要忘了，我們都是手裡握著寶貴民主一票的選民。

民意代表最善於看風向做事，候選人要討好我們、政策要攏絡我們、政府想要繼續獲得我們的支持，換句話說，我們其實擁有改革的籌碼，如果大家覺得理想的教育是一種普世價值，為什麼我們不能了解未來小孩到底要什麼，並付諸行動去改變？

現在就是覺醒的時刻

公民意識抬頭是時勢所趨，然而我關心的是，我們身為一介選民，對自己的權利意識夠不夠強大？強大到足以讓劣質的節目或報導絕跡？強大到，可以讓自以為全能的大政府退場，釋出改革的空間？強大到，讓只知媚俗討好、不務正業的民代下台？

美國人類學家和環保先驅瑪格莉特．米德（Margaret Mead）堅信：「一小群思想深刻而富有執行力的公民將能改變世界。」（A small group of thoughtful people could change the world.）其實很多家長忽視了自己對政策的影響力，當選民有了良好素質，開始有人發聲、有機制監督時，可以慢慢拉回正軌。

如果我們可以用選票制裁候選人，用政策方針檢視民代，這時民意代表馬上就會改變思維，想辦法研究教育問題，改變政策的方向。當然這些不是一蹴可幾、如臂使指的簡單事情，但這是公民自我覺醒的教育過程。

家長們，我們不要再逃避，我們對台灣的教育、媒體及政治發展有絕對的責任。不要認為自己有無力感，**改變的開始、起點以及真正的力量，掌握在我們自己手裡**。

延伸思考

台灣新教育實驗

其實，這幾年台灣各地陸續出現「體制外」的中、小學，致力打造和傳統升學制度不一樣的學習環境，一些有勇氣的家長也積極參與。

能夠出現這類多樣化與多元化教育實驗，對體制內的教育也能提供不一樣的衝撞。位於宜蘭的華德福小學，就是由一群受夠了台灣傳統僵化教育的家長自發性地號召，在宜蘭縣政府的支持下成立的。

一位編輯友人，夫妻兩人原本都在台北市知名的出版社工作，但兒子要念小學了，幾經思考，他們決定辭職，舉家搬到宜蘭，讓孩子進入華德福小學。一、二年級的小朋友，回家從來沒有傳統的「手寫」功課，而是鼓勵閱讀、動手做工藝與遊戲，學校也沒有段考、期末考這些傳統的評量。

讀完一年後，她說：「我從來沒有看過這樣的成績單！」這張成績單，沒有傳統的語文成績、數學成績或體育成績，而是很細膩地針對孩子各方面的能力與潛力，寫下老師一年來點點滴滴的觀察。

當然，我並不是鼓勵每對父母都放下事業，專心陪伴孩子，這在現實上是不可能做到的。但，家長絕對可以做到，不以學校的成績單來評量孩子的能力，**用一顆細膩與關懷的心，陪伴與鼓勵孩子，看見孩子在不同領域的長處與天賦。**

找方法改變現狀

另一位朋友告訴我一則有趣的小故事。

她的兒子，小學三年級以前在澳洲就讀，回台灣後重讀國小三年級，報到第一天回家後，拿著聯絡簿上的功課，很困惑地問媽媽：「這是一個星期，還是一天的功課？」當他知道是一天的作業，馬上嚎啕大哭，因為在澳洲，從小一到小三，一個星期的功課都沒台灣一天多，但老師會要他們每天帶課外書回家閱讀。

後來，這位朋友與台灣老師商量，採取漸進方式，讓兒子適應台灣的課業要求，另一方面，則到孩子的學校擔任閱讀志工，除了幫助兒子盡快融入環境，也帶動新班級的閱讀氣氛。只要肯開始，每位父母都可以是教育改革的起點。

改變的力量漸漸聚集

從二〇一一年《教育應該不一樣》第一次出版到現在，雖然所有的問題依然存在，甚至更加嚴峻，但是也看到改變力量漸漸聚集；我個人深切體認到，必須從坐而言走向起而行，短短四年間，我把公益平台從原來的「產業輔導」重心，轉到更基本的為技職基礎教育扎根，也已經開始看到初步的成果。

而在此同時，當我接下均一中小學以後，在尋尋覓覓之中，我遇見了重視美學藝術全人教育的「華德福學校」，不但擔任起宜蘭慈心華德福的董事長，也成功在這兩年內，翻轉了整個均一小學部，同時得到家長、老師的支持，今後將以新的面貌，加入住宿生活及國際化的教學，繼續向國中、高中挺進。

華德福學校創始人施泰納（Rudolf Steiner）說過：「我們最大的努力，應該放在培養出自由的人，讓他們為自己的人生，訂定目標與方向。」因此，在幼兒階段，應該讓孩子在充滿「愛」的環境成長、盡情在玩樂中學習；七到十四歲的孩子，則進入「美」的培養階段，以大量的藝術課程，如：編織、音樂、優律詩歌、水彩、泥塑、木工、書法、蜜蠟等，來啓發青少年的情感教育，也讓他們在手、眼操作，以及美的協作中，挖掘真實的自我。

之後，當孩子進入成長的叛逆期，就要培養他們明辨是非、探索自我的獨立思考能力，使孩子成為具有思辨能力的準公民，走向「真」的世界。

曾在慈心華德福接受師資培育的林淑照老師，近來也開始將華德福精神，引進花蓮豐濱鄉的大港口部落，打造一所以全阿美族語教學的幼兒園，公益平台也非常樂意從旁協助。

當原住民的孩子能夠以最自然的方式，學習母語及與土地接觸的能力，真是一件令人欣慰的事情。

第7章 教育應該不一樣

台灣過去的文化優勢，
必須轉變成未來的核心教育元素。

國家要為未來準備人才，
學校也必須為青年發展天賦，
我們的教育必須適時扮演這個急如星火、
救亡圖存的扎根角色。
用教育救台灣文化的未來，
是我對哺育我的台灣社會最深厚的期待。

「但願那月落重生燈再紅……但願那月落重生燈再紅……」一襲大紅披風的杜麗娘，在花神手裡飄擺的風幡之下，眾花女簇擁間，唱出了上本《牡丹亭》最後的高潮〈離魂〉。

講台前的大螢幕上，正播映著杜麗娘思念夢中情郎，最終抑鬱成疾、傷情而死的橋段，台下四百位學生，在麗娘淒婉哀絕的唱詞中，同感於她自知將死，拜別母親，一縷芳魂卻縈繞天地的依戀不捨。彷彿只有肉身的死，才能讓她追尋那夢中之情。

不一樣的教育起始點

講解影片的，是兩岸三地崑曲最有力的推手、作家白先勇。他闊別母校台大整整五十年，二〇一一年初春，受邀在台大開了一門「崑曲新美學」通識課。原定開放四百位學生，卻吸引近兩千四百人搶著選修，有來自加拿大的外籍生，還有六十八歲的旁聽生。全台大最大的四百人演講廳早已擠爆，走道樓梯、教室外，挨擠著一張張的青春臉孔。

當然，這是白先勇以生命熱情打造的「青春版」《牡丹亭》，要找回的崑曲觀眾也是年輕人。一位財金系四年級陳同學感嘆：「這才是大學應該開的課！」

這堂崑曲美學課程一直深受學生歡迎，更有不少社會人士慕名旁聽，甚至已經上網於「臺大開放式課程」向全球傳播。二〇一五年春天一開學，白先勇更在第一堂課邀請大陸散文名家余秋雨前來，暢談「從中國文化史觀看崑曲美學的重要性」，帶來更多火花。

為什麼不能及早開始

余秋雨在演講中提到，歷史上許多暴君，連自己家人都殺，看戲時卻能熱淚盈眶，「可見戲劇是種液態時空，讓人回到意想不到的天真的、嬰孩的時代，」一生動演繹戲劇的價值。

教育，是社會最重要的隱形建築，真正的文化生命必須正本清源，從教育的起點開始涓滴累積，方可成就。

看了這則新聞，我感慨尤深。

白先勇推動崑曲能引起年輕人的重視，固然很令我感動，但我卻認為，文化的學習、藝術的欣賞，到了大學階段已經太晚，而且也限制了文化的傳播。

教育，是一個社會最重要的隱形建築，真正的文化生命必須正本清源，從教育起始點開始涓滴累積，方可成就。

如果，在我們的中小學基礎教育中，沒有文化、美學、藝術的成分，又如何可以期待，將來台灣年輕人長大以後，能夠具有文創的優勢、創意思考的元素？

為什麼我們的教育不能及早開始，在人格還未定型前，就給予更為廣泛的培植涵養？甚至，如果在小學教育就注入台灣文化的豐富元素，我們才有機會和別的國家不一樣。

二〇〇八年，我曾在「第六屆全球華人企業領袖高峰會」中，發表「文化，是最偉大的軟實力」專題講座，我當時談到，一些台灣建築業者及學者看到北京奧運大興土木後的傲人風采，建議台灣也應該效法，但我卻持相反看法。

如果建築開發永遠走在文化和教育之前，社會美學、文化教育卻沒辦法跟上，這絕對不是一種社會進步，反而是一種破壞。

我始終認為，一個偉大的建築，只要一個都市領袖有魄力、有財力，請來世界最知名的建築師，數年內就可以辦到，但**一個地方文化的建設，必須透過教育的淬鍊、文化的積累、當地愛鄉土的人一磚一瓦堆疊，方可成就**。文化，才是台灣最偉大的軟實力。

孕育文化與文明的高度

我們如果珍惜這些文化基礎，就會同樣珍惜在背後默默將文化元素帶到台灣、將之形塑出來的人。這也是從過去到現在，我始終尊敬文化人的原因，因為他們代表我們社會的核心價值。

以下，我要以樹立紀念碑的虔誠心情，列舉出台灣文化三大「精神梁柱」，他們分別是知識份子、宗教家、藝術家。沒有他們披荊斬棘，就沒有今天我口中的台灣文化與文明的高度。

梁柱一：以身為範、心繫眾生的知識份子

台灣曾有一群來自大陸的知識份子，之前身陷戰亂、顛沛流離，一邊躲轟炸、一邊教學問，有志難伸，理想受挫；來台灣之後，雖是逃難，卻意外看到一個可以實現理想的舞台。

再加上，台灣原本也有不少優秀的知識份子，於是我們有了殷海光、雷震、李萬居、郭雨新、柏楊、陶希聖等人，這樣的知識份子，他們用不同的方式挑戰權威，以身為範教育台灣年輕人，永遠要有勇氣，站在權力者的對立面。

也有像錢穆、林語堂、胡適、俞大剛，延續下來還有更多文人，如：楊逵、周夢蝶、葉石濤、余光中、白先勇、鄭愁予、黃春明、陳映真、王文興、楊牧、瘂弦等，期許下一輩文化人，不以金錢物質為回報，以真理做生命中最重要的追求。

還可以看到，像余紀忠、王惕吾這樣的報人，堅持相當的立場，呵護著一波波的媒體人，做該做的事、寫該寫的文章。

胡適的外表，看起來溫文儒雅，卻也不失學者的高度和膽識，敢於挑戰當時的權威。

他曾寫信給蔣介石：「做為一個領袖人才，不能淪為干政打雜，要自處於無知、無能、無為。以眾人之智為知，以眾人之能為能，以眾人之為為為。」

胡適曾遭到很多批評，但我們至少從他給蔣介石的信中，看到他能夠很技巧地想要引導蔣介石做對的事情，為蒼生百姓未來、台灣永續文化

> 一個地方文化的建設，必須透過教育的淬鍊、文化的積累、當地愛鄉土的人一磚一瓦堆疊，方可成就。

香火而努力。這是一種文人的典範。

梁柱二：身體力行、關懷社會的宗教家

形塑台灣文化精神的，還有宗教家；過去宗教家飽經戰亂，在大陸顛沛流離的環境，出家人沒有社會地位，只有在家裡辦喪事，需要做法超渡時，才會想到他們。

好比，當年印順法師在大陸時，從來沒有機會施展弘法心願，因為當年知識份子跟文盲差別太大，面對每天血肉橫飛的戰亂場景，出家人在民間形同求神拜佛時的依附力量，這些大僧即使有再深的宗教理念，也只能在小眾間流傳。但他們來台之後，可以深入地方，將佛法理念和精神在台灣落實。

印順法師曾經行遍大陸、香港、東南亞、日本，到處弘法，卻在一九六三年，他的人生晚年，收了一位皈依他的女弟子——證嚴上人，也因為她的耕耘，為佛法打開一扇前所未有的大門。

證嚴上人完全沒有用深奧的佛法或一般人聽不懂的道理弘法，卻真實有力地傳遞出宗教的玄妙，在簡單淺顯話語中，讓信眾折服；甚至，早在地球暖化議題發酵前，她便藉信仰的力量，要求弟子勵行節能，提倡環保。

另一位隨著軍隊來台灣的聖嚴法師，來台後再度出家，又去日本留學，取得博士學位後回到台灣，從國際的角度，以台灣為基地，到世界弘法，甚至做到世界漢傳佛教領袖，同時也成為許多高級知識份子、政治人物及企業領袖的心靈導師。

同樣，星雲法師在那個時代，用揚州腔的國語，竟能在電視台開闢節目，影響那麼多人。

文化，是台灣最偉大的軟實力。

這一切都跟整個時代發展有關，因為只有當台灣經濟、人文發展累積到一定程度，人的心才會安靜下來。面對無常及許多生命中無法解釋的原因，宗教家用他們的語言，適時扮演了社會安定的力量，也讓有錢、有權的人謙卑低頭，讓他們用另外的方式，身體力行回饋社會。

此外，同樣讓人無法遺忘的，是一群早期來台的外國宣教士，因大陸淪陷、嚴禁宗教，輾轉來到台灣，在言語不通、文化殊異中，走入全台各地偏鄉莽林，宣揚基督的博愛，實踐中國亂世無法實踐的理想。他們散播的神聖種子，依然在台灣各個角落，發芽、開花。

梁柱三：不以金錢做為生命價值的藝術家

當然，還有一大群藝術家，這些人始終都不是用金錢做為自己生命的價值觀，享有國際盛名的林懷民可以說是最具體的例子。

他生長在一個家庭地位極受尊崇的環境裡，卻追求一個被父親認為將來會「要飯」的舞蹈人生，即使如此，從紐約初返的林懷民，如果就只是把在紐約所學的現代舞照本宣科演出，那絕對不是今天的林懷民！

然而，在這個過程中，林懷民不斷萃取各種東方文化、融合台灣文化的精華，才有了今天被國際推崇的地位，例如：他對宗教「禪定」的體悟與強烈的求知慾望，使他有段時間甚至放下雲門去印度流浪。

他在恆河邊，幾乎回到佛陀當初成道之時，他看到恆河，看到生老病死就在眼前發生，於是他流淚了、感動了，跟著禪修者打坐。回台之後，創造了以禪定為基礎的訓練方式，影響整代台灣表演藝術的新方向。

過去雲門訓練舞者在河床搬石頭、到海邊聽濤、打坐、靜心，於是整個舞者的表情及肢體便走入完全不同的境界。

他原本因為怕舞者受傷而學太極導引，卻也提醒他，這種對抗地心引力、跳離地面，是屬於西方人身材的舞蹈，舞者再想往上跳，也跳不過西方人的身體，於是便專注在蹲馬步、將重心放下，逐漸發展出西方人蹲不下來、軟不下來的東方骨頭，找到屬於我們東方人的舞蹈。

只有文化，才能將原本互相排斥、抵消的東西，變成互相包容、補充的魔法。

又如優人神鼓的劉若瑀，她從美國回來，一開始找不到方向，後來她也是從茶和禪定的元素中找到自己的定位，於是開始教大家打坐，靜心修練，在擊鼓之前凝聚能量，找到自己的表現方法。

我們看到，雲門和優人神鼓的舞者都學打坐，就連台灣的茶人也學打坐，這些都是讓台灣藝術精進非常重要的元素。

台灣文化的生命力，來自吸收、交融、轉化，以及再創造的能力；一方面交融、萃取中國與日本文化，一方面再加入原住民文化，以及其後知識份子、宗教家、藝術家們披荊斬棘、辛勤耕耘，始有今天花繁葉茂的榮景。

好比說，台灣曾受日本殖民統治半個世紀，今天即使日本寺廟、神社、建築被摧毀了，但微妙的是，摧毀不掉的生活形式，卻在心靈上自然地留下來，並傳到下一代。

日本對文化的保存、對傳統的堅持，某方面影響台灣，就連有些台灣老人家也講不出個道理。因為父母從小講日文、學習日本精神，他們的孩子很自然多少懂得日本語言，對日本文化有好感，會欣賞日本的生活片斷，於是台灣成為日本文化最好的觀眾、最懂得欣賞日本文化的知音。

再例如，中國茶到了台灣以外的華人社會，都盡量保留祖先傳給他們的原貌，茶在新加坡、福州、馬來西亞、美國唐人街，都還是用過去紫砂壺或原始的湯茶容器，像喝老人茶一樣，深怕改了之後，就失去祖先傳下來的原貌，但難免抱殘守缺，限制了創新能力。

可是到了台灣，茶，因為台灣留下了日本茶道遺風薰染，又同時擺脫受抹茶框死的味覺，以及過度拘泥的儀節，開始變化出新精神風貌，從「茶道」轉變成「茶藝」。

在這個由「道」轉換成「藝」的過程中，加入了美學、禪學、音樂、書畫，甚至舞蹈，融入了更敏銳的感官及味覺層次。聞香品茗，成為一種與自己心靈對話的歷程，演變成為台灣獨特的喝茶藝術，一種真正的藝術。

政治是減法，文化是加法

台灣歷經荷蘭、日本及國民政府統治，每一個新的統治者來到台灣，都把前一個統治的痕跡盡可能抹殺掉，所以日本人來時，原住民和漢人都開始學日文；大陸國民政府撤退來台，要打掉日本的神社，拿掉日本所有的圖騰，不准說台語、日語。

漢人消滅原住民文化，日本人抹殺台灣漢文化，大中國思維壓抑了本土文化等等，這些都是一種政治的短視心理。

但文化跟政治完全不同，政治是減法，文化則是加法。**只有文化才能將原本互相排斥、抵消的東西，變成互相包容、補充的魔法**。

例如：我們的文化人可以將茶、禪學、飲食互相結合，變成一個新的台灣文化；再比方，林懷民創作的雲門舞碼「水月」，竟然可以將巴哈無伴奏大提琴、宗教的禪、太極以及肢體，融合為一種獨特的藝術之境。

我接觸很多國外及大陸的知識份子，他們不約而同對台灣民主成就及文化成果非常推崇，甚至連很多我們自己習而未察的優勢，在外人的眼光中，都顯得無比可喜耀眼。

當然也有大陸人看到台灣的房子沒有上海高、高鐵沒有上海快，覺得台灣哪裡好啊？但這是未能深入觀察的結果。當然，也有大陸朋友真正看出台灣的優勢。

二〇一〇年，我有機會協助安排大陸知名企業家組成的團體到花東走一圈，他們幾乎毫無例外地，一致肯定台灣在文化與文明上的努力與成果。

有位朋友更直率地說，在他來台灣以前，始終認為「要統一台灣還不簡單，只要打場仗就解決了，」然而，他接著說：「自從我來過這次才發覺，可千萬不能打仗，因為所有在大陸失去的文化，都在台灣保留下來了！」

講了這麼多台灣文化的亮點、優勢，但如果我們不能珍惜自己，台灣即使有再好的優勢也都會流失。但比這種流失更為可怕的是，我們看不清楚這是多嚴重的事情！

一個國家的公民，在文化教養與舉止習慣上的衰退，比大規模的經濟衰退更讓人震驚。

過去，摧殘文化梁柱的是「政治」；現在，則是因為我們的「無知」。如果我們不知道自己的優點在哪裡，將之轉化為我們教育的內容，優點就不再是我們的優點。

對於從十五歲就開始看《傳記文學》的我來

說，從一個社會業餘觀察者的角度來看台灣，台灣文化在過去六十年累積融合至今，已達到華人社會罕有的高度。

台灣兼容並蓄地吸收涵化數百餘年歷史的各項經驗，使台灣成為華人社會文化、文明，甚至民主的地標。無疑，台灣文化正處於最高點。

巔峰之下的衰退危機

但是，就在我稱頌台灣文化之際，當我們安坐在前人種下的老樹下乘涼自足之時，我們卻渾然不覺另一種危機正在發生。這棵從亂世中好不容易成長茁壯的老樹，現在正因為養分流失、欠缺耕耘而日漸凋亡。

接著，我必須很沉重地指出，台灣文化的幾項危機。

首先，文化累積不易、摧毀極快。台灣過往不同的政權，往往採取斬草除根的方式，移殖自己的文化傾向，全盤抹殺之前好不容易累積的文化。

其次，長久以來，經濟指標掛帥，整個社會缺乏轉型的認知，永遠在用經濟數字跟鄰國比較，缺乏永續思維，國際經驗值消失，自閉鎖國，只管眼前，沒有經營未來。

此外，以前中國的知識份子、大儒、大師，在大陸沒有舞台，來到台灣沉潛養晦，終至發光發熱。

但現在，中國大陸超英趕美、發展經濟，反而形塑強大的磁吸力，很多台灣產業界、設計界、媒體界，甚至學界菁英、創意人、文化人，都紛紛到大陸發展，大陸也提供各種數倍於台灣的豐厚條件留住他們，提供全新舞台，傾力讓他們一展抱負。而台灣的文化，面臨產業化、商品化威脅，恐怕有後繼無人的憂慮。

不盲從、不攀附，求真求實、回歸基本的信念，是台灣社會最需要教育的價值觀。

前面我只是簡單舉出幾點，就看出我們文化的問題。從有形的角度看，在經濟上，我們一方面在耗費經濟成就、銀行存款；另一方面，在軟實力上，我們也在耗費過去幾十年來，安定生活裡所積累的文化果實。

這種內、外皆空的情況，與我們保守退避、只求安定的心態有關。過去台灣經濟快速發展時，我們因為原本一無所有而勇於闖蕩，有著旺盛的草莽創業精神，但曾幾何時，現在大家似乎都只看眼前，卑微地圖個安定。

誰還在經營「未來的夢」？

過去台灣在政治威權時代，國際地位孤立、人民生活普遍清苦，但不管個人的政治取向如何，那時確實有一批努力經營未來的好官員，如：孫運璿、李國鼎等人。在歷任技術官僚的遠見之下，擘劃了十大建設、科學園區等計畫，這些至少都展示了他們對台灣未來的想像。

他們知道台灣不完美，竭力使它變得完美；即便民主意識抬頭，當年蓬勃的黨外運動，也在經營未來。

時移勢易，現在，大陸的知識份子，思考之敏銳、論述之詳盡、對民主的熱望，都非常像當年台灣黨外時期，黨外人士對當時台灣的政治現狀不滿，想要改變。

我們曾走過一個不算短的時期，不管你的政治立場取向如何、專業如何、所能施力的位置如何，當年各種不同領域的台灣人民，都有一個共同處：生活是有願景的、有奮鬥目標的、向前看的。簡單來說，大家都在經營一個「未來的夢」。

然而，現在呢？

我們只在經營眼前、經營現在，甚至經營過去。家長用過去的經驗，經營孩子的未來，因為自己的不安全感，積極鼓勵孩子走安穩的人生路——考上公務員，穩穩實實靠政府一輩子。

但是，政府完全沒有面對未來的功能，遇到問題時，「腳痛醫頭、頭痛醫腳」，放著真正的沉痾，不為所動。政治人物眼中最深邃的視野，就是拚贏下屆選舉。

舉國上下的決策者，試問，有誰想到下個十

品格，是一種初心，良知是心中的那把尺，是行為的判斷力，沒有妥協的餘地。

年、二十年、五十年？而攸關我們年輕人未來的教育，更是如此。

這也就是我前面幾章所批評的，我們的教育不是照亮青年人未來的探照燈，而是不斷重複過去的後照鏡。

當我們看到台灣文化的諸多危機，接下來，我想進一步追問的是，我們丟掉了照後鏡，拿起探照燈，可以照見怎樣的「前景」？

台灣的未來在哪裡？如何經營台灣的未來？這些又跟我們的教育有什麼關聯？

台灣未來必須追尋「自願性的簡樸單純」

記得幾年前，「台灣二〇一〇代表字大選」中，選出最能代表該年度台灣精神、民心歸向的字，是「淡」。

對我而言，「淡」有兩種解釋，一種是只求安定、平淡的「淡」。這恐怕是目前社會大眾和家長普遍追求的，例如：以前要登峰造極，現在只求溫飽，找一個公務員的工作。

另一種「淡」，卻是千帆過盡，絢爛歸於平淡的「淡」。這種「淡」，追求一種新的價值，指的是「自願性的簡樸單純」（Voluntary Simplicity）。

這兩個「淡」字同樣都是十一劃，卻有著截然不同的層次。

學做「小康家庭」

在此，我想談的是第二個淡字。

這幾年，人類面臨很多挑戰，也學到不少教訓：金融風暴、地球氣候極端化、物種滅絕、怪病橫生……，世界各國也已經體會到，人類過往強調竭澤而漁、人定勝天的物質文明信念，正面臨嚴苛挑戰，而節制物慾、提升精神、和諧永續的思維，已然成為普世走向。

面對全球暖化，節能減碳日益重要，台灣未

> 台灣未來必須追求「自願性的單純生活」，否則日後將無法在國際社會立足。

國家要為未來準備人才，學校也必須為青年發展天賦。

來也必須走向「減少物質慾望、向上提升精神」的未來，追求我所謂的「自願性的單純生活」，否則台灣將無法在國際社會立足，這也是《紐約時報》專欄作家湯馬斯．佛里曼（Thomas L. Friedman）在他的《世界又熱又平又擠》（*Hot, Flat and Crowded*）一再反覆省思的觀點。

因此，假設台灣不要自比美國，而應將目光轉向荷蘭、丹麥、芬蘭、挪威等小國，他們有眾多諾貝爾獎得主、領導世界的風力發電，以及很多足以自傲的地方。

我們向他們取經，學做一個「小康家庭」的方法和格局；小康家庭仍可以幸福美滿、兄友弟恭，那我們又何須羨慕那些富豪之家？即使資源豐厚，如果兄不友、弟不恭，爭權奪利，又何幸福之有？

我們應如實看待自己，安於做一個地理及政治權勢定義下的「小康家庭」，但卻努力成為「**生活者的大國**」、「**文化美學的大國**」。

如同我在文章開頭不斷強調，文化是台灣的優勢所在，也是我們社會價值及自信心的根源，這才是一個國家最值得驕傲和榮耀的東西。

依據這個世界大趨勢潮流，我們進而反思：未來社會需求的是什麼樣的人才？我們的教育核心價值是什麼？我們希望培養何種素質的公民？

其實，台灣的藝術、人文教育從來都不缺乏，更何況我們擁有如此龐大的教育體系，只是這些元素缺乏合適的環境來培植。

現在，既然我們已經看出，台灣未來是要走向「生活者的大國」，那為什麼我們不能創造「在地生活的價值」？那將會是民主、文化、藝術、創意領先的生活。

回到原點，檢視未來

當我們一方面看到，未來是美學、藝術、品格為重的生活型態，但另一方面，我們又不放掉只重英數理化、以成績決斷一切的學術菁英教育，這豈不是自相矛盾？

何況，每個人的才智不同且多元，發展才智的方法也不同。

過去台灣盛行的升學主義所培養出的「出類拔萃者」，其實是在教育資源缺乏下培養出的學術菁英；隨著時空轉變，那些看似天馬行空、創意突出，在音樂、舞蹈和手工操作有過人能力者，都可能是引導台灣走向未來各領域的專業菁英。

因此，我們一定要有所取捨，調整教育的優先順序，回到教育的「原點」，確立教育的核心價值。

教育需要不一樣的公民教養

讓我們再仔細思索「**一個國家的公民，在文化教養與舉止習慣上的衰退，比大規模的經濟衰退更讓人震驚**」。

這段話，我看了有好大的共鳴。

在經濟與公民的文化素養之間，哈維爾（Vaclav Havel）所看重的，是精神，而不是有形的物質生活，這顯示出一位詩人總統對文化的重視，也凸顯了一個知識份子的風骨和反省能力。

這種看重「公民教養」的文化，給了我很大的啟示，因此，知識份子的聲音格外重要。

以下，是我對台灣公民社會的期待：

期待一：價值觀

這裡所謂的價值觀，是指我不羨慕有錢的人，我也不希望自己變成最富有的人，我安於做我自己，就好像以前的窮教授、窮校長，他們得到更多尊敬。

又好比，我安於做一個小而美的學校，如：威

> 我們必須有所取捨，調整教育的優先順序，回到教育的原點，確立教育的核心價值。

美，不是麵包，但像麵包上的果醬，能讓麵包滋味更好。

廉斯音樂學院；也或者，我安於當一個有真實本領的專業人士，而不一定非得要是擁有名校學歷的高材生。

這種不盲從、不攀附，求真求實、回歸基本（go back to basic）的信念，正是我們社會最需要教育的價值觀。

期待二：品格及是非觀念

品格，就是每個人內心要有一把尺。

如果說，一個老師必須依靠關說賄賂，校長必須透過討好督學、評審，才能當上校長，我們又怎麼能夠期待，在這樣扭曲的教育機制下，這些老師、校長，可以教出好品格的學生？

品格，是一種初心，良知是心中的那把尺，延伸來說就是一種行為的判斷力。

我覺得，對整體社會來說，不論念的是博士，還是職校，品格都不能打折扣，沒有妥協的餘地。

期待三：藝術涵養

美，是生活重要的「伴侶」；美，不是麵包，但像麵包上的果醬，能讓麵包滋味更好。台灣教學過於獨尊數學、科學及語文等智能學科，長期對知識「偏食」的結果，使我們的教育培養出很多高階美學素養的文盲。

蔣勳曾說：「理工科學生如果沒有美的敏感度，未來將無競爭力！」但可惜的是，我們現在空有這麼龐大的教育體系、資源，卻沒有將美學元素納入教育課程中。

一位長年在中學任教的主任就曾感嘆，台灣教育非常重視學童的學科能力，卻又似乎有錢人家才能學音樂、鋼琴或藝術，學校教育中，更是經常把音樂、美術與體育課拿來補數學與英文。

小學、中學欠缺美的薰陶，到大學又只學專業技術，以致我們的教育培養出許多高階知識份子，卻無法體會藝術的重要。無怪乎，我們可以做技術難度世界一流的代工，卻沒有一流創意，設計出高附加價值、足以觸動人心的偉大產品。

未來等待的人才：高感度、高體會的人才

我相信，一個工程師有了藝術涵養，便有機會由「匠」提升為「師」，最後轉變為「藝術達人」。這也是我不斷強調，年輕人可以藉由跟藝術家下鄉，拓展視野，體會人生與藝術的辯證，將來不論他從事什麼行業，都可以與眾不同。

這個世界演變之快，早已超過我們的想像。美國前教育部部長萊禮（Richard Riley）就認為，二〇一〇年最迫切需要的十種工作，在二〇〇四年根本還不存在。

著有《未來在等待的人才》（*A Whole New Mind*）的趨勢專家品克（Daniel H. Pink）也認為，懂得玩弄數字、引用法律條文的能力已經不稀奇，具備高感度、高體會的人才，才是未來世界等待的新菁英。

對趨勢敏感的人不難發現，台灣社會正在轉型為強調「Life Style」的新型態，很多行業的頂尖者都在追求從「匠」到「師」、「師」再到「藝」的層次提升，不管是美食、美妝、手工藝，各行各業、各領域的「達人」都愈來愈被尊重、認可，這是一個全面健全發展社會所需要的價值。

不必害怕人才「外流」

現在有人很擔憂，出身台灣的人才外流，但我轉念一想，這其實不見得是壞事，沒什麼好感嘆。

如果他們可以將台灣文化的精華帶到大陸及世界，反而傳播了台灣文化，讓世界更了解台灣的生

> 台灣社會長期對知識「偏食」的結果，就是培養出很多高階美學素養文盲。

> 台灣應該成為文化母源，一個可以不斷產生人才，同時持續充電滋養的地方。

活，這未嘗不是件好事。就好比台灣傳統產業離開了，我們可以接受，但我們接下來的新產業、高科技在哪裡？如果高科技遇到了新競爭，我們是否有研發優勢？

同樣，如果我們能有一個從源頭培養的機制，就不必擔心人才流失。

像我前面舉出的瑞士洛桑，可以不斷向全世界輸出優異的餐旅人才，他們從不會因為廚師出走、飯店總經理被挖角而擔心，因為他們培訓人才的目標，就是要他們走向世界，帶來更多刺激。

可是我發現，當前一代的文化人離去，空出了位子，我想問台灣的年輕人，照理說，你們的機會來了，但你們在哪裡？

台灣擁有大量過剩的教育機構，教育普及率幾達百分之百，如果我們的教育掌握了台灣文化的核心優勢，就不擔心台灣文化人才大量往外國「輸出」，台灣更不會因為人才出走，就出現人文的空洞。

如果一個人有崇高的價值觀、良好的品格及美學或文化素養，不管他從事什麼行業，都不會自卑，而是一個內在強大，自尊、自重、有判斷能力的公民。

假如文化是我們的優勢，我們理應可以創造出源源不絕的人才；然而，現實狀況卻是，從文化到宗教、到產業，我們都面臨已無人接班的窘態。

用教育救台灣文化的未來，教育應該不一樣

永康街有名的茶館「人澹如菊」已經到北京、禪學大師林谷芳最近要結束「台北書院」……，這幾年，台灣幾乎沒有新的文化開花結果。等這一波文化沉積土壤消耗掉，台灣引以為傲的藝術文化，極可能也沒有了。

我必須說，文化的優勢也在喪失之中。

大家只要想想，下一個林懷民、劉若瑀在哪裡？下一個王文興、蔣勳在哪裡？下一個王心心、陳美娥在哪裡？便可以了解我的焦慮。

其實，這也反映，過去數十年間，「藝術」其實並不在我們的教育內涵裡，並沒有真正成為我們的精神骨幹，見樹不見林、見花不見根，才招致今天的苦果。

改變台灣教育的核心價值

台灣應該成為文化母源，一個可以不斷產生人才，同時持續充電滋養的地方。但文化若沒有教育，一點力量都使不出來；文化，若只停留在先知者的觀察、勤奮耕耘者的手中，沒有普及落實，這些根芽很快就會枯萎。

我看到台灣有這麼豐富的文化養分，卻沒有讓這些豐厚的元素在教育的土壤裡扎根。因此，從台灣的文化優勢、世界節能減碳的潮流，以及整體人類多樣化的發展來說，我們教育的核心價值都必須改變。

我們唯有藉現有教育的既存結構，將文化、品格、美學、藝術等教育元素，因勢利導，層層往下落實成教學內容，教育內容才會被改變，評選老師、校長的機制才會不同，整體教育才能真正鬆綁，成就各方面的人才。

對於台灣教育的未來，我有殷切盼望，也有深重憂慮。

最後，我想說的是，**國家要為未來準備人才，學校也必須為青年發展天賦**，我們的教育必須適時扮演這個急如星火、救亡圖存的扎根角色。

不入園林，怎知春色如許

《牡丹亭》〈遊園〉中有句經典唱詞：「不入園林，怎知春色如許？」我們的教育，何時能像一個萬物滋養、欣欣向榮的園林，讓奇花異卉各展丰姿？我們要用教育救台灣文化的未來，台灣的教育應該可以不一樣。

但願那月落重生燈再紅。

結語

這是我能為台灣青年做的事

我近幾年關心教育，特別是偏鄉教育，這種心情，一直牽動著我。看著這本書即將出版，最後我想叮囑幾句，做為本書結語。

這本書，是我所寫過跟以往最不相同的一本書。回顧這段漫長的歷程，對於我個人的成長、我們的社會以及我們的年輕朋友，我心裡始終澎湃著種種想法。

一路以來的心情

回首來時路，一九九七年十二月，我出版了《總裁獅子心》，這是我的第一本書；當時我以一位沒有大學學歷、出身平凡家庭的人生體驗，跳脫出來，想告訴跟我一樣沒有背景的年輕人，要勇敢找到「自心」，只要能埋頭苦幹、找到熱忱，必有所成。

二〇〇二年，我以累積多年美國運通總經理的經驗，以及對世界的了解，觀察到印度與中國即將崛起，因而出版了《御風而上》這本書，想告訴台灣年輕人，世界早已沒有藩籬，要我們的青年，以更國際、更高的視野省思自己的未來，走出自己的方向。

二〇〇八年，我無奈地觀察到，台灣的大學無謂地快速膨脹，必將造成大批高學歷、無目的、無實用能力的年輕人，因此我以《做自己與別人生命中的天使》，告訴年輕人該如何發掘自己的潛能、尋找自己的優勢，我要年輕人放大自己的格局，努力打造自己的價值，以期能在高速競爭中不被大環境甩開。

未來在自己手中

我也要年輕人拿出熱忱，激發自我內心巨大的力量；我甚至預料到，大學如此快速盲目擴張，將來學歷愈高的年輕人一旦接觸真實社會，將愈發感到挫折。

因此，我進一步要年輕人有「自療」的能力，學習過平凡、但不平庸的人生，服務社會，用正面的力量，做自己也做別人生命的天使，以找到自己人生最終極的目標。

時間過得很快，一晃眼就到了二〇一五年。值此重新出版這本書的現在，我不得不以嚴厲的口吻，以我平常不慣用的語氣，對家長、學校、執政者、媒體與民意代表，提出種種沉痛批評。

因為，我知道，這將是我能為青年人做的最後一件事；但是，我也需要以同樣的語氣告訴年輕人，你們很多人都是已經具有選舉能力的選民，更有權利了解你學習的成效與未來，更需要知道你的潛能優勢在什麼地方。

如果是我們自己選擇隨波逐流，如果是我們自己拒絕面對世界快速變化的事實，如果我們沒有主動判斷選擇的能力，最終還是我們自己要負起最大的責任。

我誠心希望，我們所有的年輕人，關切你們自己人生未來的抉擇，因為你們不做，別人也不會為你們做。決定未來的力量，就在你們自己手裡。

誌謝

我以最誠摯的心，衷心感謝這些日子以來，伴護我、協助我一路走來的天下文化出版社所有夥伴們。

在撰寫這本書的過程中，從高教授及王發行人的信賴與鼓勵，到錦勳、桂芬、議文及天來副社長、馥鵑、富晟、瑋羚等數不清的同仁，若沒有你們的用心與支持，這本書也就無法付梓問世。你們再一次成為我的翼下之風，謹此致謝！

國家圖書館出版品預行編目(CIP)資料

教育應該不一樣 / 嚴長壽作. -- 第二版. -- 臺北市 : 遠見天下文化, 2015.11
面 ; 公分. -- (教育教養 ; BEP024)
ISBN 978-986-320-876-1(平裝)

1.教育改革 2.臺灣教育

520.933 104024336

教育教養　BEP024B

教育應該不一樣　全新增修版

作者 — 嚴長壽
採訪整理 — 吳錦勳、陳建豪、余宜芳
總編輯 — 吳佩穎
責任編輯 — 黃安妮、張奕芬、李桂芬、羅玳珊
美術設計 — 周家瑤（特約）
封面合成圖 — 攝影蘇義傑、iStock

出版者 — 遠見天下文化出版股份有限公司
創辦人 — 高希均、王力行
遠見・天下文化・事業群　董事長 — 高希均
事業群發行人／CEO — 王力行
天下文化社長 — 林天來
天下文化總經理 — 林芳燕
國際事務開發部兼版權中心總監 — 潘欣
法律顧問 — 理律法律事務所陳長文律師
著作權顧問 — 魏啟翔律師
社址 — 台北市 104 松江路 93 巷 1 號 2 樓

讀者服務專線 — 02-2662-0012　｜傳真 — 02-2662-0007, 02-2662-0009
電子郵件信箱 — cwpc@cwgv.com.tw
直接郵撥帳號 — 1326703-6 號　遠見天下文化出版股份有限公司

電腦排版 — 立全電腦印前排版有限公司
製版廠 — 東豪印刷事業有限公司
印刷廠 — 祥峰印刷事業有限公司
裝訂廠 — 聿成裝訂實業有限公司
登記證 — 局版台業字第 2517 號
總經銷 — 大和書報圖書股份有限司　電話／(02)8990-2588
出版日期 — 2021 年 4 月 16 日第三版第 2 次印行

定價 — 400 元
4713510942574
書號 — BEP024B
天下文化官網 — bookzone.cwgv.com.tw

天下文化
BELIEVE IN READING